Silke Schönrade
Günter Pütz

Die Abenteuer der kleinen Hexe

Bewegung und Wahrnehmung beobachten,
verstehen, beurteilen, fördern

Silke Schönrade
Günter Pütz

Die Abenteuer der kleinen Hexe

Bewegung und Wahrnehmung
beobachten, verstehen, beurteilen,
fördern

vml verlag modernes lernen

Unser Buchprogramm im Internet: www.verlag-modernes-lernen.de

Das Bildmaterial kann heruntergeladen werden unter:
https://www.verlag-modernes-lernen.de/permalink/v1278

© 2000 by SolArgent Media AG, Division of BORGMANN HOLDING AG, Basel

7., völlig überarbeitete Aufl. 2017

Veröffentlicht in der Edition: 2) NGL

verlag modernes lernen Borgmann GmbH & Co. KG
Schleefstraße 14
D-44287 Dortmund

Gesamtherstellung in Deutschland:
Löer Druck GmbH, Dortmund

Schrift: Alegreya Sans

Bestell-Nr. 1278 | ISBN 978-3-8080-0801-0

Inhalt

Vorwort zur 7. überarbeiteten Auflage

Die 7. überarbeitete Auflage unterscheidet sich nicht nur äußerlich von der vorherigen. Sie umfasst Aktualisierungen und Anpassungen im theoretischen und praktischen Teil des Buches. Dabei konnten wir vor allem auf Rückmeldungen von Kolleginnen und Kollegen zurückgreifen, die in pädagogischen und therapeutischen Kontexten das Beobachtungsverfahren anwenden.

Durch diese Erfahrungen entwickelten sich konstruktive Ideen vor allem für den praktischen Teil des Buches. So sind neue Aufgaben hinzugekommen, die den wichtigen Bereich der Fußdifferenzierung in den Blick nehmen. Andere wurden in den Beschreibungen so verändert, dass sie leicht verständlich und so einfacher zu handhaben, zu beobachten und zu interpretieren sind.

Kontrovers haben wir lange diskutiert, ob wir (wieder) ein Punktesystem zur Einordung der Ergebnisse einführen sollen. Zugunsten einer offeneren Anwendung des Beobachtungsverfahrens, im Sinne einer Erweiterung des Blickwinkels auf die zu begleitenden Kinder, haben wir uns dagegen entschieden. Die Beobachtungsbögen sind nun großzügiger gestaltet, um mehr Raum für Beobachtungen zu ermöglichen, die über die vorgegebenen Beobachtungsmerkmale hinausgehen. Ein Profilbogen, neu erstellt und im Anhang hinzugefügt, ermöglicht einen Überblick über die Ressourcen und Unterstützungsbedarfe des Kindes.

Die Geschichten haben wir in eine einfachere Sprache gesetzt und den Märchencharakter reduziert. So soll es den Kolleginnen und Kollegen unterschiedlicher Disziplinen noch besser (sprachlich) gelingen, die oft heterogenen Zielgruppen der Kinder anzusprechen.

An dieser Stelle möchten wir allen herzlich danken, die mit uns diskutiert haben und uns in den vielen Fortbildungen in den zurückliegenden Jahren zu dem Thema hilfreiche und konstruktive Hinweise gegeben haben.

Die „Abenteuer der kleinen Hexe" haben sich im Bereich der Förderdiagnostik etabliert. Kindertageseinrichtungen, Grund- und Förderschulen, physio- und ergotherapeutische Praxiseinrichtungen, Kolleginnen und Kollegen in heilpädagogischen und motopädischen Handlungsfeldern sowie an Hochschulen der entsprechenden Fachrichtungen nutzen dieses Buch als förderdiagnostisches Instrumentarium.

Ein großer Dank geht an die Kinder, die mit viel Motivation und Freude der Einladung zum Fototermin gefolgt sind. Die Heilpädagogin Frau Jutta Rolfes hat uns dabei liebevoll unterstützt. Vielen Dank an Frau Awiszio, die uns als Leitung die Räumlichkeiten des Familienzentrums Phantasia in Herne zur Verfügung gestellt hat, und an Herrn Matthias Grunert, dessen Räumlichkeiten wir in seiner Physiotherapie-Praxis in Rheinbach zu Fotoaufnahmen nutzen konnten.

Unser besonderer Dank gilt dem verlag modernes lernen, insbesondere unserer Lektorin Frau Balke-Schmidt, die stets offen für Neuerungen ist und diese konstruktiv kritisch begleitet.

Wir wünschen allen Kolleginnen und Kollegen ein gutes Gelingen und viel Spaß bei der Anwendung!

Silke Schönrade und Günter Pütz   *Im Frühjahr 2017*

1. Einleitung

Stellen Sie sich einmal folgende Situation vor: Sie sind bei Freunden eingeladen. Vor Ihnen steht eine Tasse duftender, heißer Kaffee, und Sie entschließen sich davon zu trinken. Sie greifen mit Ihrer rechten Hand – nehmen wir an Sie sind Rechtshänder – nach der Tasse und führen diese vorsichtig zum Mund. Ihre Hand nimmt die Temperatur der Tasse wahr und Sie ziehen den Rückschluss, dass es ein heißer Kaffee ist. Beim Anheben der Tasse bemerken Sie sofort, dass diese sehr gut gefüllt ist. Sie dosieren Ihren Krafteinsatz entsprechend, um nichts zu verschütten. Sie schmecken das volle Aroma der Kaffeebohnen und spüren die Wärme des Kaffees. Dann stellen Sie Ihre Tasse mit einer durchgängig fließenden Bewegung auf die dazugehörende Untertasse. Nebenbei stellen die Freunde Ihnen noch zahlreiche Fragen, da sie neugierig auf Ihre Reiseerzählungen sind. Auf diese können Sie problemlos eingehen.

Ein alltäglicher Vorgang.

Doch alltäglich ist er nicht mehr, wenn Sie beispielsweise noch unter den Folgen eines Armbruchs leiden, da Arm- und Handmuskulatur nach der Ruhigstellung im Gipsverband erschlafft sind. Wenn Sie nicht auf den gesunden Arm zurückgreifen können, werden Sie die Erfahrung machen müssen, dass Sie einen Teil des Kaffees verschütten, da Sie Ihre Kraftdosierung noch nicht dem Gewicht der Tasse anpassen können. Die entsprechenden Propriozeptoren melden Ihrem Gehirn zwar, wie viel Kraft Ihre Muskulatur aufwenden muss, um die Tasse problemlos zum Mund zu führen, die ausführenden Muskeln sind allerdings dazu noch nicht in der Lage. Sie sind auf die andere Hand zur Unterstützung angewiesen. Auf die Fragen Ihrer Freunde könnten Sie nicht eingehen, denn ihre Tasse Kaffee benötigt ihre vollständige Konzentration. Auch ein starker Schnupfen hindert sie daran wahrzunehmen, wie aromatisch Kaffee duften und schmecken kann. Ihr Geruchs- und Geschmackssinn sind eingeschränkt und eine Tasse Kamillentee wäre in dieser Situation eher angebracht.

Bemerkenswert, wie schnell ein alltäglicher Handlungs- und Bewegungsablauf gestört werden kann, wenn Nah- und Fernsinne sowie die eigentliche Befindlichkeit ins Ungleichgewicht geraten. In unseren genannten Beispielen könnten Sie problemlos auf das Kaffeetrinken verzichten und zu einem späteren Zeitpunkt diese Vorliebe wieder aufnehmen. Handelt es sich jedoch um eine länger andauernde Erkrankung oder Behinderung, so können aus dieser Störung Folgen hervorgehen, die den Aufbau von Vermeidungsstrategien nach sich zieht.

Betrachten wir in diesem Zusammenhang einmal ein heranwachsendes Kind. Grundlegende Schwierigkeiten bei Alltagsbewegungen wie Laufen, Hüpfen, Springen, Sitzen oder Probleme beim Erwerb der Kulturtechniken Schreiben, Lesen, Rechnen bleiben nicht ohne Konsequenzen.

Welche Folgen würden sich beispielsweise für ein sechsjähriges Kind ergeben, wenn es weder mit der rechten noch mit der linken Hand geschickt umgehen kann? Wenn das Malen, Schreiben, Basteln, Schneiden, Essen etc. dem Kind jedes Mal große Anstrengung abverlangt? Wenn es nicht wie andere Kinder über ein Seil springen kann ohne dabei zu stolpern, sondern nur in der Lage ist, das Seil zu halten? Was bedeutet es für ein Grundschulkind, wenn es zwar mit aller Anstrengung versucht die Buchstaben richtig zu schreiben, diese jedoch immer wieder aus der Zeile rutschen oder gar vollständig unleserlich sind?

Sicherlich haben Sie bereits bemerkt, dass wir mitten im Thema sind!

Auf der Suche nach geeigneten Beobachtungsmöglichkeiten für vier- bis siebenjährige Kinder haben wir uns dazu entschlossen, dieses Buch zu schreiben. Es war unser Plan, ein geeignetes, strukturiertes Beobachtungsverfahren anzubieten, das Pädagogen, Therapeuten und Eltern bei der Entwicklung der Kinder begleitet und unterstützt. Wir gehen der Frage nach, welche Aspekte der kindlichen Entwicklung Anlass der Beobachtung sein müssen, damit das (Bewegungs-)Verhalten verständlicher wird. Eine qualitative Beobachtung führt zu einem besseren Verstehen des Beobachteten, ein daraus resultierendes Beurteilen erleichtert die Auswahl der anschließenden Förderangebote. Diese stellen wir ausgewählt im Anschluss an jede Aufgabe zur Verfügung.

Wir versuchen eine Sichtweise auf das Kind vorzustellen, die an den Stärken ansetzt und ressourcenorientiert ausgerichtet ist, aber dennoch kritisch bleibt. Vertiefendes Wissen über die Grundlagen der Bewegung und Wahrnehmung sollen darüber hinaus die Möglichkeit eröffnen, in Elterngesprächen fachliche Informationen über den Entwicklungsverlauf des Kindes zu geben sowie individuelle Fördermöglichkeiten vorzuschlagen.

In diesem Sinne verstehen wir „Die Abenteuer der kleinen Hexe" als eine Chance, das Bild vom Kind in einem variablen und dynamischen Entwicklungsprozess zu sehen.

2. Bezugspunkte einer psychomotorischen Diagnostik

Diagnostik ist ein Begriff, der „Karriere" gemacht hat. Wir begegnen ihm in unterschiedlichen Aufgabenfeldern: der Technik, der Medizin, der Psychologie (vgl. Bielefeld 1981, 219). Diagnostik ist in Mode gekommen – und das, obwohl vielerorts vom Unbehagen in der Diagnostik berichtet wird (vgl. Eggert 1997). Das Wort Diagnose hat griechische Wurzeln und wird zumeist in der Bedeutung von „Entscheidung" oder „Unterscheidung" gebraucht. Im medizinischen Sinne dient Diagnostik dem Erkennen und Benennen einer Krankheit. Durch die psychomotorische Brille betrachtet ist ein Verständnis treffender, das ein „sich Bemühen" um das Kind und ein „Verstehen" des Kindes als wesentliches Element der Entscheidungsfindung mit einbezieht (vgl. Zimmer 1999, 94).

Zur Diagnostik der menschlichen Bewegung werden in der Psychomotorik unterschiedliche Methoden verwendet, die unter Rückgriff auf die Arbeiten von Oseretzky (1931) unterteilt sind in

› motoskopische Verfahren
  Bewegungsmerkmale werden mit Hilfe von Beobachtungen erfasst. Dies können allgemeine oder standardisierte Bewegungssituationen sein. Die Beobachtung des kindlichen Verhaltens bildet den Ausgangspunkt der Diagnostik.

› motometrische Verfahren
  Die Messung motorischer Merkmale erfolgt durch Tests. Bewegungsleistungen werden vor allem quantitativ erfasst und ermöglichen durch den Vergleich mit den Daten der entsprechenden Altersgruppe Aussagen über den motorischen Entwicklungsstand eines Kindes.

› motographische Verfahren
  Bewegungen werden fotografisch, mechanisch oder elektrisch aufgezeichnet, um sie anschließend einer Analyse zu unterziehen. Durch die einfache Handhabung der Videotechnik ist die Motographie eine hilfreiche Methode innerhalb der Diagnostik.

Die Beobachtung ist die wichtigste Methode in der psychomotorischen Diagnostik. Sie ist immer vorhanden, unabhängig vom Einsatz weiterer Methoden (vgl. Reichenbach/Thiemann 2013, 83). Mehr oder weniger bewusst beobachten wir Kinder in unterschiedlichen Situationen und sammeln dabei vielfältige Eindrücke und Informationen. Diese wiederum führen mehr oder weniger bewusst zu Einschätzungen und Beurteilungen. Im Sinne eines ganzheitlichen Verständnisses psychomotorischer Förderung richtet sich Diagnostik „sowohl auf das Bewegungsverhalten des Kindes, als auch auf seine emotionale Befindlichkeit, sein soziales Verhalten, seine Bedürfnisse und Interessen und seine gesamte Lern- und Lebenssituation" (Zimmer 1999, 94).

Der aus der sonderpädagogischen Diskussion stammende Begriff „Förderdiagnostik" berücksichtigt diese Zusammenhänge. Der Begriff ist nicht neu. Zu Beginn der 70er Jahre

Handlungsebene	Beziehungsebene
› Emotionale Stimmung	› Kontaktaufnahme
› Motivation	› Kommunikation
› Konzentration	› Konfliktverhalten
› Umgang mit Anforder-ungen	› Kooperation

Kind

Systemische Ebene	Funktionale Ebene
› Bezugspersonen	› Motorisch/koordinative Kompetenzen
› Erzieherin	› Sensorische Kompetenzen (vestibulär, taktil-kinästhe-tisch, visuell, auditiv)
› andere Fachkräfte	
› andere Kinder	

Abb. 1: Verschiedene Ebenen von Diagnostik (vgl. Eggert 2000, 34 f.)

wurde in Auseinandersetzung mit der klassischen Diagnostik für die klinische Psychologie eine stärker „therapieorientierte" und in der Pädagogik eine stärker „förderungsorientier-te" Diagnostik gefordert. Es existieren kontroverse Auffassungen darüber, was Förderdiag-nostik denn nun sei. Dass mit diesem Stichwort das Insgesamt jener Aktivitäten bezeich-net wird, die im pädagogischen Kontext eine optimale individuelle Förderung ermöglichen, ist unstrittig (vgl. Krapp 1993, XXV).

Für die Psychomotorik lassen sich nachfolgende förderdiagnostische Prinzipien benen-nen:

Diagnostik berücksichtigt die Individualität des Kindes

Die Individualität des Kindes in den Vordergrund zu stellen bedeutet zunächst, nicht da-nach zu fragen, was das Kind kann und was nicht. Bedeutsamer wird die Frage „wie" das Kind eine Aufgabe löst. Ein Beispiel macht das deutlich: Das Überwinden einer Langbank kann auf unterschiedliche Weise geschehen. Das Kind kann über diese balancieren, darü-ber krabbeln oder sich in Bauchlage hinüberziehen. Das Augenmerk auf das „Wie" zu rich-ten, gibt dem Erwachsenen Informationen über die Lernmöglichkeiten des Kindes oder die Strategien, die es anwendet. Diese können heute anders sein als morgen, weil das Kind sich in einer ständigen Auseinandersetzung mit sich selbst und seiner Umwelt befindet. Dem Erwachsenen ermöglicht diese Haltung, das Kind in seinem Bewegungsverhalten bes-ser zu verstehen. In einem nächsten Schritt geht es erst darum, die Leistung des Kindes in einem individuellen Entwicklungsplan[1] zu dokumentieren. Mit dessen Hilfe kann der Ent-

---

1   *Ein Beispiel für einen individuellen Entwicklungsplan finden Sie im Anhang.*

wicklungsprozess des Kindes fortlaufend beschrieben werden. Der Entwicklungsplan lässt sich an die spezifischen Bedarfe einer Einrichtung (Kindergarten, Schule, Praxis) anpassen.

Diagnostik ist prozessorientiert

Diagnostik beurteilt und beeinflusst langfristige Prozesse des Bewegungslernens und der Entwicklung und nicht punktuelle Ereignisse. Die Förderbedürftigkeit eines Kindes sollte nur in Ausnahmefällen aufgrund eines einmaligen Untersuchungstermins erfolgen (vgl. Schäfer 1997). Sie ist vielmehr das Ergebnis einer längerfristigen Beobachtungsphase, in der Informationen aller am diagnostischen Prozess Beteiligten mit einfließen. Dies setzt eine Kooperation von Eltern, pädagogischen Fachkräften in Kindertageseinrichtungen, Lehrerinnen und Therapeuten unterschiedlicher Disziplinen voraus.

Hauptfragen einer prozessorientierten Diagnostik lassen sich mit nachstehenden Polaritäten beschreiben: Wie hat es angefangen? – Wie ist es geworden? – Wie könnte es sein? (vgl. Eggert 1997, 116) Sie schließen Vergangenheit, Gegenwart und Zukunft mit ein, der Fokus ist auf das „Hier und Jetzt" gerichtet. Demnach darf Diagnostik sich nicht nur auf Querschnittsvergleiche und statistische Daten beschränken, es geht vielmehr darum, den individuellen, dynamischen Entwicklungsverlauf des Kindes im Auge zu behalten (s. Abb. 2).

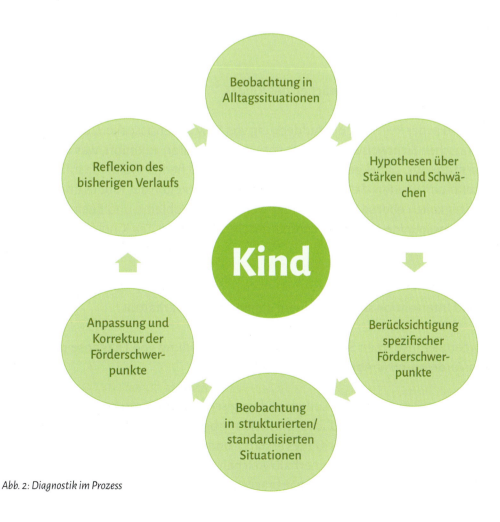

Abb. 2: Diagnostik im Prozess

Diagnostik ist eingebettet in das reale Umfeld des Kindes

Viele diagnostische Informationen lassen sich aus Beobachtungen in Alltagssituationen gewinnen. Günstig sind solche, die Diagnostik in kindgerechte Zusammenhänge einbetten, in das Spiel mit anderen Kindern. Der Vorteil einer Diagnostik im gewohnten Umfeld liegt auch darin, das Kind in unterschiedlichen Situationen zu erleben und zu beobachten. Stellen wir beispielsweise bei einem Kind immer wieder Schwierigkeiten beim Balancieren fest, liegt die Vermutung nahe, dass ein Problem in der Gleichgewichtsregulation besteht. In einer anderen Situation sehen wir dasselbe Kind zufrieden und glücklich schaukeln. Diese Beobachtung dürfte unsere erste Vermutung zumindest in Frage stellen. Wir überlegen weiter, was das Balancieren vom Schaukeln unterscheidet. In beiden Fällen ist das Gleichgewichtssystem angesprochen. Im ersten Fall handelt es sich um die Gleichgewichtsfähigkeit als komplexer, im Zusammenspiel mit unserer Muskulatur sich regulierender Vorgang gegen die Erdanziehung. Im zweiten Fall steht die Gleichgewichtsstimulation als ein Vorgang zur Befriedigung vitaler Bedürfnisse im Vordergrund. Doch was hat das eine mit dem anderen zu tun, und worin liegen die Unterschiede? Vielleicht erkennen wir, dass die Übungen für das Kind zu waghalsig waren und es zuerst seine Angst überwinden musste bzw. geeignete Hilfestellungen benötigte.

Was heute beobachtet und beschrieben wurde, zeigt sich morgen in einem anderen, bisher nicht vermuteten Zusammenhang. Beobachtungssituationen sind Wahrnehmungssituationen, die subjektiv betrachtet werden und sich jeden Tag aufs Neue durch die Befindlichkeiten aller am diagnostischen Prozess Beteiligten erschließen.

Diagnostik sieht Stärken und Schwächen des Kindes

Diagnostik wird in der Regel mit der Aufdeckung von Schwächen assoziiert. Das steht einer psychomotorischen Sichtweise des Kindes entgegen, die daran anknüpft, was das Kind an Ressourcen mitbringt. Dabei geht es nicht um „Augenwischerei". Vielmehr soll der Blickwinkel so verändert werden, dass die individuellen Möglichkeiten des Kindes und seine besonderen Fähigkeiten ebenso berücksichtigt werden wie Probleme und Beeinträchtigungen. Anknüpfungspunkte für die psychomotorische Begleitung des Kindes sind zunächst seine Vorlieben und Stärken.

Diagnose und Intervention stehen in einem engen Wechselverhältnis

In einer förderdiagnostischen Sichtweise rückt die Verbindung von Diagnose und Förderung in den Vordergrund (s. Abb. 3, S. 15).

Um ein Kind beurteilen zu können, sollten pädagogische, psychologische, biologische und systemische Zusammenhänge kindlicher Entwicklung berücksichtigt werden. Sie bilden die Grundlage, um das Verhalten eines Kindes erklären und entsprechend handeln zu können. Wichtig ist auch die Einschätzung, innerhalb welchen Spielraums und welcher Altersgrenzen bestimmte Fähigkeiten von Kindern erbracht werden können und womit sie überfor-

Annahme:
„Eine Kategorie zur Beurteilung des Körperschemas ist, dass Berührungen am Körper lokalisiert werden können".

Diagnose:
„Bruno (4,5 J.) hat Schwierigkeiten, Berührungen an seinem Körper zu spüren und zuzuordnen."

Intervention:
„Der Roboter ist krank." Körperteile werden durch das Auflegen von Sandsäckchen, Massagen etc. bewusst gemacht.

Abb. 3: Beispiel für das Wechselspiel von Diagnose und Intervention

dert wären. Dabei sollte die Heterogenität von Kindern akzeptiert und die Suche nach einer Homogenität in der Gruppe vernachlässigt werden (vgl. Reichenbach/Thiemann 2013, 37).

Das Beobachtungsverfahren „Die Abenteuer der kleinen Hexe" berücksichtigt förderdiagnostische Prinzipien. Die Geschichten sind so aufgebaut, dass die Kinder spielerisch an Bewegungssituationen herangeführt werden. Die darin enthaltenen Aufgabenstellungen treffen Aussagen über das Bewegungs- und Wahrnehmungsverhalten 4–7-jähriger Kinder. Gleichzeitig werden Fördervorschläge herausgestellt, die Anhaltspunkte für ein weiteres psychomotorisches Vorgehen enthalten. Diagnostik soll damit in den pädagogischen und therapeutischen Alltag integriert werden. Gleichzeitig sollen die Leserinnen und Leser auf dem Hintergrund dieses Verfahrens ermutigt werden, eigene, für ihre jeweilige Zielgruppe relevante diagnostische Stationen selbst zu erstellen.

2.   Bezugspunkte einer psychomotorischen Diagnostik

3. Bewegung und Wahrnehmung

„Beeinflusst unsere Bewegung unsere Wahrnehmung oder wird die Bewegung durch wahrgenommene Prozesse gesteuert? Ändert sich die Bewegung, wenn die Wahrnehmung sich verändert, oder eher umgekehrt?" (Doering/Doering 1996, 78). Diese Fragen zu beantworten käme der Frage gleich: Was war zuerst, die Henne oder das Ei?

Fest steht, dass schon in der Frühentwicklung vor der Geburt ein inniges Wechselspiel zwischen Bewegung und Wahrnehmung existiert. Pointiert wird dieses Wechselspiel durch den Satz von Lauff (zit. nach Lensing-Conrady 1996, 163): „Bewegung ist der Motor der Gehirnentwicklung und zugleich ihr Ergebnis."

Bewegung und Wahrnehmung sind auf dem Hintergrund eines komplexen Regelkreises zu verstehen. Jede eingehende Information ist sensorischer und jede Reaktion motorischer Art. So wird Bewegung jeweils durch vestibuläre, taktile, kinästhetische und visuelle Wahrnehmung kontrolliert, angepasst und gegebenenfalls korrigiert.

Dies gilt sowohl für scheinbar einfache großmotorische Bewegungen wie Gehen, als auch für die fein abgestuften Bewegungen eines Geigenspielers.

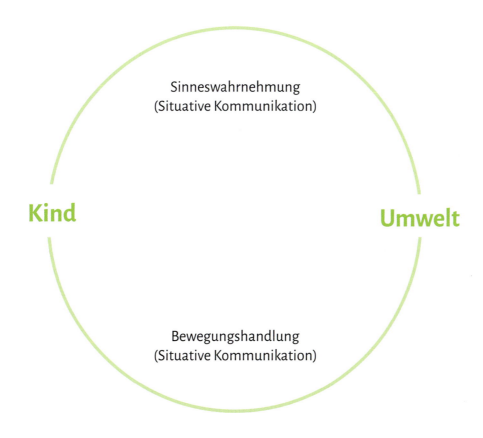

Abb. 4:
Bewegung und Wahrnehmung als Regelkreis auf dem Hintergrund
der Lehre vom Gestaltkreis (nach: V. v. Weizsäcker 1947)

Wahrnehmung darf in diesem Zusammenhang nicht als passives Aufnehmen von Reizen verstanden werden, sondern gestaltet sich als aktive Auseinandersetzung des Kindes mit seiner Umwelt. In jeder Sekunde strömt eine Vielzahl von Reizen auf das Kind ein. Schon bei der Weiterleitung von Reizen an das Gehirn wird gefiltert, welche Informationen dorthin gelangen. Unter dem Einfluss verschiedener Gehirnstrukturen wird dann selektiert, welche Informationen für die momentane Situation notwendig sind und welche nicht. Die Reizauswahl erfolgt nach zwei übergeordneten Kriterien:

› Die Umwelt soll möglichst objektiv erfasst werden. Das Kind lernt, unveränderliche Merkmale von Gegenständen zu speichern. Diese Fähigkeit ermöglicht ihm ein Wiedererkennen dieser Merkmale in neuen Wahrnehmungszusammenhängen. So wird sich beispielsweise ein Muster für „rund" bilden, indem das Kind immer wieder runde Objekte anfasst und sich im Laufe der Zeit eine Vorstellung von „rund" als Form ohne Ecken bildet (vgl. Brand et al. 1997, 60).

› Wahrnehmungsleistungen stellen nicht das Abbild einer objektiv realen Welt dar. Ihnen wird vielmehr während der Informationsverarbeitung eine individuelle Bedeutung verliehen. Diese steht in Abhängigkeit von unterschiedlichen subjektiven Faktoren (z. B. Erfahrungen, momentane Befindlichkeiten, Emotionen, Begabungen etc.) und sie korrespondiert in verschiedenen Lebensabschnitten mit unterschiedlichen Sinngebungen (vgl. Fischer 1996, 21).

Bewegung und Wahrnehmung sind zentrale Kategorien psychomotorischer Theoriebildung. Unter Rückgriff auf die Arbeiten Piagets ist das Lernen durch Bewegung im Säuglings- und Kleinkindalter ein wichtiger Baustein der kognitiven Entwicklung des Kindes. Es sammelt über Bewegung Erfahrungen mit Personen, Materialien, Gegenständen und Räumen. Dabei ermöglicht die Fähigkeit, sich gegen die Schwerkraft aufzurichten und sich aufrecht im Raum zu bewegen, dem Kind eine Vielzahl von Handlungsmöglichkeiten. In diesem Zusammenhang spielen vor allem taktil-kinästhetische Wahrnehmungs- und „hantierende" Bewegungserfahrungen eine Rolle. Sie führen über das „Ergreifen" und „Erfassen" zu neuen Erkenntnisgewinnen für das Kind.
Über die Fortbewegung und die Orientierung im Raum erwirbt das Kind eine Vorstellung von räumlichen Dimensionen. Das zeitlich erlebte Nacheinander von Bewegungshandlungen vermittelt ein Gefühl für zeitliche Abfolgen. So eignet sich das Kind im Laufe seiner Entwicklung immer komplexere Handlungsstrukturen an. Auch wenn die Bedeutung von Bewegung für Lernprozesse mit zunehmendem Alter abnimmt, kann ihre Wichtigkeit bis zum Erreichen des Schulalters nicht hoch genug eingeschätzt werden. So konnte Beudels (1996) bei Schulkindergartenkindern nachweisbare Verbesserungen durch gezielte motorische Förderung der kognitiven Funktionen aufzeigen. Die Bedeutung der Bewegung für den Aufbau eines positiven Selbstkonzeptes und für die Zunahme an psychischer Stabilität sowie sozialer Kompetenz ist mittlerweile allgemein anerkannt.

3.1   Beobachten

Die wichtigen Dinge bleiben im Vorborgenen

Zur Veranschaulichung dieser Aussage kann das Eisbergmodell verwendet werden. Etwa sechs Siebtel des Eisberges befinden sich unter Wasser, bestimmen jedoch seine Größe und Verhalten wesentlich. Menschliches Verhalten enthält zu einem kleinen Anteil sicht-, hör- und verstehbare Anteile. Bezogen auf das menschliche Verhalten hat es Köckenberger so ausgedrückt: Über die Wahrnehmung der Außenseite eines Menschen möchten wir dessen Innenseite verstehen. Dies gelingt nur zu einem kleinen Teil, weil nicht körperliche, unsichtbare Vorgänge (sensorisch, emotional, psychisch) oder systemische Zusammenhänge nur interpretierend erfasst werden können (vgl. Köckenberger 2007, 47).

Bewegungsbeobachtung ist an umfassende Wahrnehmungsprozesse gebunden. Wir nehmen über unterschiedliche Sinneskanäle – vor allem aber über die visuelle Wahrnehmung – die „äußeren Bewegungsdaten" eines Kindes auf, die anschließend beurteilt und interpretiert werden. Beobachtung, Beurteilung und Interpretation hängen eng zusammen. Sie sind subjektiv eingefärbt und spiegeln auch den Hintergrund des Beobachters wider: seine Sozialisation, Vorannahmen, Erwartungen, Wertmaßstäbe, Erziehungsziele und verinnerlichten Theorien über Entwicklung von Kindern.

Eine Situation wird von unterschiedlichen Menschen unterschiedlich „wahr"genommen. Nachfolgende Episode mag diese Aussage verdeutlichen:
Ein Neurologe, ein Orthopäde und ein Psychiater gehen spazieren. Gegenüber läuft ein Mann, der einen speziellen, merkwürdig wirkenden Gang hat. Der Neurologe sagt: „Das ist ein klarer Fall

Abb. 5

von Zerebrallähmung. Schaut mal auf den typischen Scherengang!" Der Orthopäde wendet sich dagegen: „Das ist eine glatte Fehldiagnose. Der Mann hat ein Marie-Strumpfel-Syndrom." Der Psychiater ist mit beiden Diagnosen nicht einverstanden: „Das ist doch wieder typisch Organmediziner. Kaum sehen sie ein körperliches Problem, hat es auch körperliche Ursachen. Das Ganze ist hysterischer Natur." Sie können sich nicht einigen und wetten schließlich einen hohen Betrag.

Sie wenden sich — wenn auch mit Bedenken — an den Mann mit dem merkwürdigen Gang, der unterdessen auf der gegenüberliegenden Seite stehen bleibt und sich suchend umschaut. Der Befragte hat jedoch kein Problem mit der Frage, sondern sagt: „Schön, dass ihr mich ansprecht. Ich bin nämlich selbst Arzt, und ich kann euch die wirkliche Diagnose geben. Ich sage euch nur: „Wenn ich nicht sehr schnell eine Toilette finde…" (Trenkle 1999, 88 f.).

Beobachtete Besonderheiten eines Menschen sagen mehr über den Beobachter als über den Beobachtenden aus oder wie von der Recke es ausdrückt: „Jeder schafft sich die Diagnose, die er am besten behandeln kann!" (in: Passolt/Pinter-Theiss 2003, 217) Die Eigenarten des Beobachters fließen in jede Beobachtung mit ein. Eine solche personengebundene Wahrnehmung der äußeren Wirklichkeit ist in unserem Alltag ständig vorhanden. Bin ich mir dieser Verflechtungen bewusst, dann wird Fremdbeobachtung auch zur Selbstbeobachtung: Mit welcher Haltung beobachte ich? Bin ich offen und neugierig? Finde ich es interessant und spannend, was die Kinder tun, oder was sich dahinter verbergen könnte, oder ist die Beobachtung eher eine Routine für mich, die ich schnell und organisiert abhaken möchte? Wann nehme ich ein Verhalten als störend, da von meiner Vorstellung von Normalität abweichend, wahr (vgl. Viernickel/Völkel 2005, 7; Reichenbach 2005, 18)?

Beobachtung erfordert ein hohes Maß an Intersubjektivität. Durch den Austausch mit dem Kind und anderen Fachkollegen gewinnen meine subjektiven Eindrücke an Substanz. Einzelereignisse haben für sich genommen keine Relevanz. Erst ein sorgfältiges Gegeneinanderhalten der verschiedenen Eindrücke, ein Vergleichen und Abwägen ihrer Gewichtigkeit, ein Prüfen vor allem der einander widersprechenden Aussagen, ein Tasten und Suchen nach dem roten Faden, der sich durchzieht, geben eine ausreichende Basis für verwertbare Aussagen über eine Persönlichkeit ab. In diesem Sinne versteht sich psychomotorische Diagnostik als Suche nach angemessenen und hilfreichen Maßnahmen zur bestmöglichen Beschreibung der beobachteten Person (vgl. Vetter 2002, 11).

Beobachten in der psychomotorischen Praxis bedeutet *sehen lernen* und das Kind aus unterschiedlichen Perspektiven zu betrachten, ein Interesse an den verschiedenen Facetten eines Kindes zu entwickeln und nicht vorschnell an Bewertungen und Interpretationen hängen zu bleiben (vgl. Passolt/Pinter-Theiss 2003, 218). Ein Weg, mein Beobachterverhalten zu reflektieren, ist der systemischen Beratung entlehnt und gliedert sich in vier Schritte (Quelle: Seminarmitschrift):

1. Wahrnehmen und beschreiben des „Offensichtlichen"
Wir haben es nicht gelernt, Dinge zu beobachten, ohne sie gleichzeitig zu bewerten. Diese Verknüpfung lässt sich auch im pädagogischen Alltag nicht so einfach trennen.

Wir müssen uns dessen bewusst werden und versuchen, bei der Dokumentation von freien Beobachtungssituationen darauf zu achten.

Worauf kommt es bei diesem ersten Schritt an?

„Ich nehme wahr, ich beobachte auf der phänomenologischen, rein beschreibenden Ebene: Was macht das Kind, mit welcher Mimik, Haltung, Sprache, Tätigkeit, materialen Erfahrung, in welcher Situation etc., ohne dies zu bewerten." (Passolt/Pinter-Theiss 2003, 218 f.)

2. Was löst das Beobachtete in mir selbst aus?

Hier geht es um die Frage, welche Eigenresonanzen meine Beobachtungen auslösen. Bin ich innerlich berührt oder eher distanziert, interessiert oder eher gelangweilt? Arbeite ich gerne mit dem Kind zusammen oder fühle ich eher ein Unbehagen?

3. Interpretation und Hypothesenbildung

„Welche Erklärungen finde ich für das Beobachtete? Welche Motive, Bedürfnisse, Kompetenzen oder Schwierigkeiten unterstelle ich dem beobachteten Kind? Wird das Bild, das ich von dem Kind habe, durch meine Beobachtungen bestätigt, erweitert, verändert? Sind auch andere Interpretationen denkbar?" (Viernickel/Völkel 2005, 70) Gerade letztere Fragestellung wird vor dem Hintergrund unterschiedlicher „Theoriebrillen" innerhalb der psychomotorischen Diskussion interessant. So kann es zu unterschiedlichen Deutungsmustern eines Verhaltens kommen, je nachdem, ob ich aus der Perspektive des sensorisch-integrativen, des kompetenztheoretischen, des kindzentrierten, des verstehenden oder des systemisch-konstruktivistischen Ansatzes argumentiere [2].

Große Bedeutung kommt in diesem Zusammenhang der Bildung von Hypothesen zu. Mit ihrer Hilfe versuche ich mir Verhaltensweisen eines Kindes zu erklären. Der Vorteil ist, dass ich sie jederzeit verwerfen oder modifizieren kann, wenn ich feststelle, dass sich meine Vermutungen als unbegründet erweisen. Das Wesen der Hypothese wird anschaulich durch folgendes Zitat wiedergegeben: „Mit Hypothesen soll man flirten, man soll sie nicht heiraten" (Metzmacher, in: Passolt/Pinter-Theiss 2003, 206).

Ein beobachtetes Verhalten kann zu unterschiedlichen Hypothesen führen:

Beispiel: Was wurde beobachtet?	Hypothesen für das gleiche Verhalten
Bruno setzt sich nach Beginn der Stunde auf die Turnbank und nimmt nicht mehr am Geschehen teil.	– Bruno gefällt die Aufgabe nicht. – Bruno hat Angst vor den Aufbauten. – Bruno hatte einen Konflikt mit einem anderen Kind. – Bruno möchte erst einmal die anderen Kinder beobachten, ehe er sich auf die Aufgabe einlässt. – Bruno ist körperlich erschöpft.

---

2   Vgl. hierzu den Beitrag von Jürgen Seewald: *Zum Problem der Diagnostik in Psychomotorik und Motologie*, in: *Praxis der Psychomotorik*. Jg. 24 (3), 152–160

Innerhalb des diagnostischen Prozesses können sich Hypothesen auf unterschiedliche Bereiche beziehen z. B. auf:

> Ursachen bezüglich bestimmter Verhaltensweisen
> Bedeutung von Förderangeboten
> Effektivität von Fördermaßnahmen
> Kontextuelle Besonderheiten (Eltern, institutionelle Rahmenbedingungen etc.)

4. Beratung und Überprüfung der Hypothesen

Hypothesen sagen aus, dass es verschiedene Möglichkeiten der Interpretation geben kann (vgl. Reichenbach 2016, 204). Bei der Auswertung meiner Hypothesen bin ich auf die Zusammenarbeit aller am diagnostischen Prozess beteiligten Personen angewiesen. Der Teamarbeit kommt dabei ein nicht hoch genug einzuschätzender Stellenwert zu. Der Einsatz von Videotechnik hat sich hierbei als hilfreiche Methode erwiesen, das psychomotorische Verhalten eines Kindes im Nachhinein beurteilen zu können. Dies gelingt oft besser als in der realen Praxissituation (vgl. Vetter 2002, 216).

3.2 Verstehen und Beurteilen

Um Bewegung und Wahrnehmung verstehen und beurteilen zu können ist es hilfreich, Einblicke in motorische und sensorische Entwicklungsvorgänge vorzunehmen. Auf die enge Verknüpfung der beiden Bereiche wurde bereits hingewiesen. Die künstliche Trennung in diesem Buch erfolgt zur besseren Übersicht und Systematisierung. Die Darstellung motorischer und sensorischer Entwicklungen in Phasen oder Stufen soll einen groben Orientierungsrahmen kindlicher Bewegungsentwicklung geben. Dies geschieht vor dem Hintergrund eines Verständnisses, das kindliche Entwicklung als aktiven und ganzheitlichen Veränderungsprozess ansieht, der sich interindividuell unterschiedlich gestaltet.

3.2.1 Motorische Entwicklung

Schauen wir auf die menschliche Motorik, dann fallen vor allem zwei Besonderheiten im Vergleich zu anderen Lebewesen auf: der aufrechte Gang und das freie Hantieren können mit den oberen Extremitäten. Schauen wir auf den unmittelbaren Zeitpunkt nach der Geburt, so kommen Menschenkinder im Vergleich zu anderen Primaten motorisch unreif auf die Welt. Sie werden auch als physiologische Frühgeburten bezeichnet, die etwa 12 Monate extrauteriner Entwicklung benötigen, um mit anderen Säugetieren gleichzuziehen. Angesichts der geringen Körperbeherrschung eines Neugeborenen verwundert es geradezu, dass ein Kind eines Tages laufen und springen, auf Bäume klettern und Rad fahren kann.

Was passiert bis dahin? Bewegung beginnt bereits intrauterin. Mit Hilfe von Ultraschall lassen sich Bewegungen des Embryos bereits in der 8. Schwangerschaftswoche registrieren. Zu spüren sind sie für die Mutter ab dem 5. Schwangerschaftsmonat. Nach Prechtl (vgl. 1993, in: Schlack 2012, 4) erfüllt die vorgeburtliche Motorik wichtige Funktionen, etwa:

- das Einüben von Fähigkeiten, die unmittelbar nach der Geburt überlebenswichtig sind, wie das Atmen, Saugen und Schlucken,
- die Ausbildung von Muskeln, Knochen und Gelenken, die nur durch die vorgeburtliche Bewegung und Inanspruchnahme richtig ausgebildet werden,
- das Vorbereiten der inneren Organe auf ihre nachgeburtlichen Aufgaben,
- das Einstellen des Kindes gegen Ende der Schwangerschaft in eine für den Geburtsverlauf günstige Position.

Der Fötus verfügt bereits sehr früh über ein Repertoire an koordinierten Bewegungen. Dem neugeborenen Säugling gelingt die Koordination der Extremitäten noch nicht so gut. Aufgrund der Schwerkrafteinwirkung – die im Mutterleib um das zehnfache reduziert ist – und der damit einhergehenden veränderten taktilen, vestibulären und propriozeptiven Erfahrungen ist an vielen Bewegungen noch der gesamte Körper beteiligt (vgl. Pütz/Rösner 2015, 18). Viele Bewegungsreaktionen des Säuglings wirken reflexhaft. Sie dienen der Anpassung, Organisation und Sicherung des Körpers in Bezug auf die vielfältig veränderten äußeren Bedingungen. Die Aneignung koordinierter Bewegungen ist von der Ablösung spezifischer frühkindlicher „Reflexe" durch Stell- und Gleichgewichtsreaktionen abhängig. Diese ermöglichen die Aufrichtung, die Haltungsbewahrung und die Fortbewegung entgegen der Schwerkraft und unterstützen die Weiterentwicklung differenzierter motorischer Fähigkeiten.

Die sogenannten Grenzsteine[3] markieren essentielle Entwicklungsschritte des Kindes in unterschiedlichen Entwicklungsbereichen. Sie sind nachfolgend für die Körpermotorik und die Handmotorik bis zum 24. Monat aufgeführt:

Körpermotorik

6. Monat:
Das Kind stützt sich in Bauchlage auf den Ellbogen oder Händen ab.
In Rückenlage liegt es symmetrisch ohne konstante Asymmetrien in Haltung und Bewegung des Rumpfes und der Extremitäten.

12. Monat:
Das Kind kann sich alleine, ohne sich an Gegenständen festzuhalten, aufsetzen. Es sitzt sicher mit gestreckten Beinen und geradem Rücken.

18. Monat:
Das Kind kann frei und ohne Unterstützung gehen.

---

3 Die Grenzsteine geben den Zeitpunkt an, an welchem der überwiegende Teil gesunder Kinder (90%) eine bestimmte Fähigkeit erwirbt. Sie basieren auf den Arbeiten von R. Michaelis.

24. Monat:

Das Kind kann Gegenstände vom Boden aus dem Stand aufheben, ohne das Gleichgewicht zu verlieren.

Es rennt mit sicherem Gleichgewicht und deutlichem Armschwung und kann dabei Hindernissen ausweichen.

Handmotorik

6. Monat:

Das Kind übergibt einen Gegenstand in der Mittellinie von einer Hand in die andere.

Es kann einen vor ihm liegenden Gegenstand in der Handinnenfläche halten.

12. Monat:

Das Kind benutzt den Pinzettengriff. Kleine Gegenstände werden zwischen Daumen und gestrecktem Zeigefinger gehalten.

18. Monat:

Kleine Gegenstände werden mit gebeugtem Daumen und Zeigefinger unter Einbezug der Fingerspitzen aufgenommen (Pinzettengriff).

24. Monat:

Das Kind hält einen Stift mit dem Pinselgriff (Daumen, Zeigefinger, Mittelfinger) und kritzelt auf Papier. Es kann einen kleinen Gegenstand auswickeln.

Entgegen früherer Auffassung führt die Entwicklung zum freien Gehen nicht obligatorisch über das Robben oder Kriechen („Krabbeln"). Jedes siebte bis achte gesunde und normal entwickelte Kind lässt auf dem Weg dorthin das Kriechen aus. Nachfolgende Abbildung (s. Abb. 6, S. 25) veranschaulicht mögliche Entwicklungsverläufe der frühen Fortbewegung.

Das Stichwort zur Beurteilung kindlicher Entwicklungsverläufe lautet **Variabilität**. Sie hebt hervor, dass Kinder individuell auf die unterschiedlichen Umweltbedingungen und -anforderungen reagieren. Variabilität wird als Ausdruck der Emanzipation der menschlichen Entwicklung von einer rein oder überwiegend genetischen Determinierung verstanden (vgl. Schlack 1996, 264).

Ausgehend von den ersten Gehversuchen, lassen sich schnelle Fortschritte in der Geh- und Laufentwicklung beobachten, wobei anfangs noch ein großes Maß an Variabilität und Unregelmäßigkeit bezüglich der Richtung, dem Tempo und der Schrittgestaltung vorherrscht. Ab Mitte des 2. Lebensjahres probiert das Kind verschiedene Formen der aufrechten Fortbewegung aus (z. B. seitwärts Gehen, Gehen auf Zehenspitzen, Gehen mit variierendem Tempo).

Von wie viel muskulärer Anstrengung die ersten Gehversuche begleitet sind, verdeutlicht der Vergleich der Muskelaktivitäten des Kindes am 1. und 43. Tag (s. Abb. 7, S. 25).

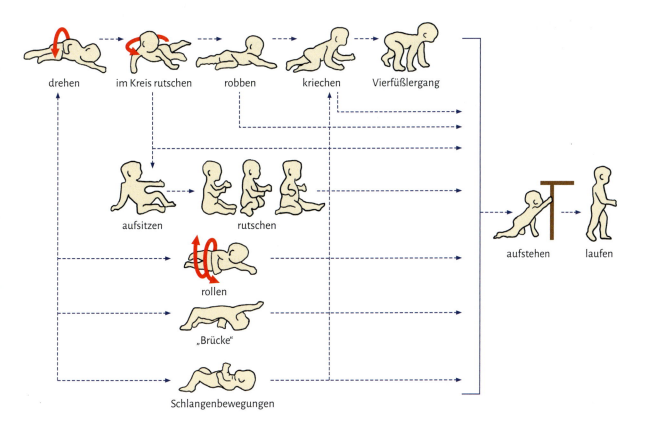

Abb. 6: Variabilität der Entwicklung am Beispiel der Motorik (vgl. Largo 2009, 130)

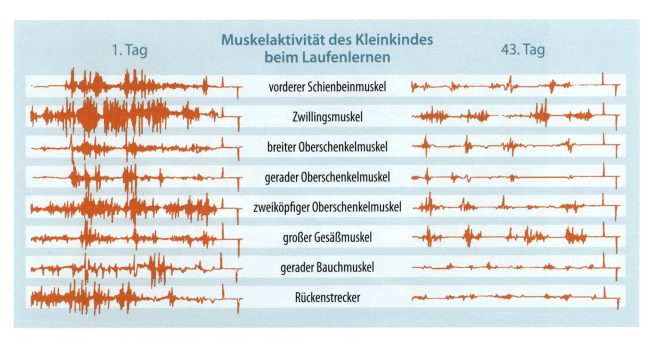

Abb. 7: Muskelaktivitäten des Kleinkindes beim Laufenlernen (vgl. Bachmann 1999)

Mit dem sicher erlernten Gehen ist gleichzeitig eines der besonders wichtigen Entwicklungsprogramme des Menschen weitgehend abgeschlossen. Ein übergeordnetes, genetisch festgelegtes Entwicklungsziel der Motorik existiert nicht mehr. Genetisch festgelegt ist nur noch das Ausmaß der motorischen Begabung, ansonsten bestimmen nahezu ausschließlich umweltbedingte und kulturelle Determinanten die weitere Entwicklung. Während in unserer Zivilisation die Bewältigung von Treppen, Werfen und Fangen von Bällen, Schwimmen, Tennisspielen etc. wünschenswerte Kulturtechniken sind, war es für Kinder der Prärieindianer wichtig, sicher reiten zu können. Kinder aus bestimmten Regionen lernen dagegen früh, ein Boot über Stromschnellen zu steuern und Wasserläufe richtig einzuschätzen (vgl. Michaelis et al. 1996, 10).

Damit ist aber auch die Frage, wie nach dem 2. Lebensjahr Motorik beurteilt werden soll, nicht ausschließlich eine Frage der motorischen Weiterentwicklung, sondern ebenso eine Frage, welche Anforderungen Umwelt und Zivilisation an motorische Fertigkeiten stellen und welche Möglichkeiten ihrer Aneignung in der individuellen Lebenssituation gegeben sind.

Abb. 8: Zwei junge Madegassen im traditionellen Kanu

Abb. 9

Klettern und Steigen

Bis das Kleinkind eine Treppe sicher bewältigt, springt und hüpft, bedarf es noch einiger Vorformen. Zunächst erfolgt das Klettern in der Krabbelposition, bevor dann im Verlauf des 2. und 3. Jahres die Klettergeschwindigkeit zunimmt und ein Überwinden hüfthoher Hindernisse gelingt. Beim Treppensteigen ist das freie Aufwärtssteigen im Wechselschritt ca. in der Mitte des 3. Lebensjahres zu beobachten. Das Abwärtssteigen gelingt in dieser Form meist noch nicht und wird mit Nachstellschritt oder Festhalten praktiziert.

Springen und Hüpfen

Erste Sprungversuche glücken etwa zeitgleich mit den ersten Laufversuchen. So erfolgt mit ca. 2,5 Jahren ein Niederspringen aus geringer Höhe, während ein Überspringen von Hindernissen gegen Ende des 3. Lebensjahres bewerkstelligt wird. Einbeiniges Hüpfen auf der Stelle (ein- bis dreimal) glückt auch in dieser Phase. Bis zum rhythmischen Hüpfen vergeht noch etwas Zeit. Dies wird erst mit fünf Jahren und später beherrscht.

Das Werfen erfolgt zunächst als einfache Rück-Vor-Bewegung des Armes ohne den koordinierten Einsatz des Körpers. Dieser wird erst später in die Wurfgestaltung mit einbezogen. Das Fangen wird anfangs in einer passiven Fanghaltung ausgeübt. Der Ball muss genau in die ausgestreckten Arme geworfen werden, damit das Kind ihn fangen kann. Erst im 6. Lebensjahr werden die Arme dem Ball entgegengeführt.

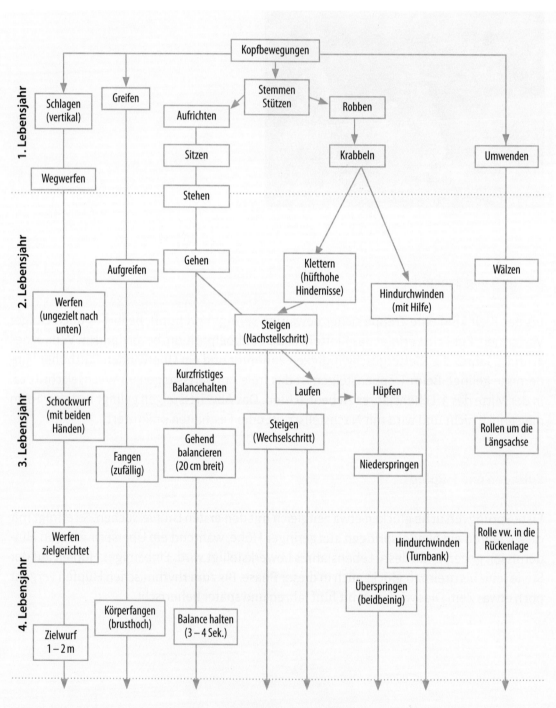

Abb. 10: Die Entwicklung elementarer Bewegungen 1–4 (vgl. Roth 1982, Balster 1998)

Wälzen und Rollen

Unter Wälzen wird die Drehung des Kindes um seine Längsachse verstanden. Rollen meint das Drehen um die Körperbreitenachse. Das Wälzen mit hochgehaltenen Armen sowie gestreckten Beinen wird mit Hilfe ab dem 2. Lebensjahr bewältigt. Die Rolle vorwärts gelingt selbständig mit etwa 3,5 Jahren. Die Ausführung erfolgt in die Rückenlage. Eine fließende Rollbewegung in den Stand gelingt gegen Ende des 6. Lebensjahres.

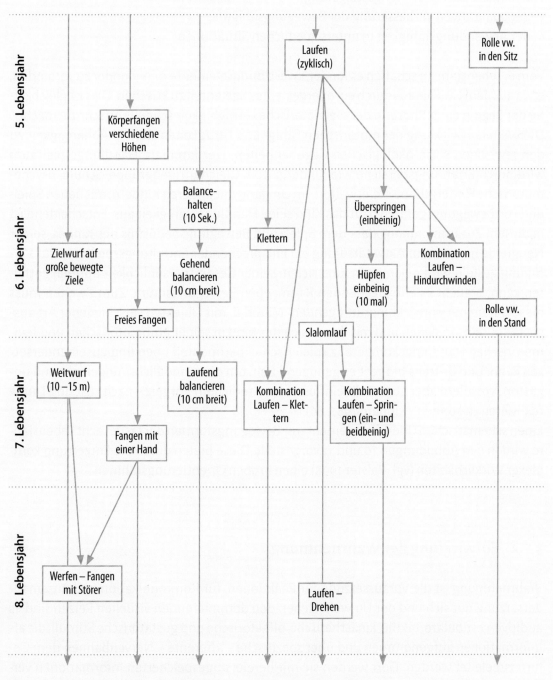

Abb. 11: Die Entwicklung elementarer Bewegungen 5–8 (vgl. Roth 1982, Balster 1998)

Balancieren

Das selbständige Balancieren (z. B. über eine Turnbank) kann ab dem 3. Lebensjahr beobachtet werden. Voraussetzung ist die sichere Beherrschung des Gehens. Das kurzfristige Stehen auf einem Bein dauert bei 3-jährigen Kinder etwa 3 bis 4 Sekunden, bis sie dann mit 6 Jahren ca. 10 Sekunden lang die Balance halten können.

Die motorische Entwicklung zwischen dem 4. und 6. Lebensjahr ist geprägt von einer Ausdifferenzierung der Bewegungsgrundformen, die das Kind in den Jahren zuvor erworben hat. Sie äußert sich in

› der quantitativen Leistungssteigerung,
› der qualitativen Verbesserung der Bewegungsabläufe,
› der Anwendungsfähigkeit in unterschiedlichen Situationen.

Vom 6. Lebensjahr an schaffen es Kinder, zwei Übungselemente miteinander zu verbinden, etwa aus dem Lauf heraus durch ein quergestelltes Kastenteil zu kriechen. Dies ist gleichzeitig der Beginn einer Phase, in der die motorische Lernfähigkeit schnell Fortschritte macht. Die Weiterentwicklung der motorischen Fähig- und Fertigkeiten steht in Abhängigkeit zu den jeweiligen sozio-ökologischen Gegebenheiten. Der familiäre Handlungsspielraum wird durch Erfahrungsbereiche wie Kindergarten, Gleichaltrigengruppe, Schule, psychomotorische Fördergruppe etc. erweitert. Im Umgang mit anderen Kindern, mit neuen Spiel- und Fortbewegungsgeräten baut das Kind seine Handlungsfähigkeit aus. Entscheidend ist in diesem Zusammenhang, dass dem Spiel- und Bewegungsbedürfnis des Kindes, seiner Neugierde und seinem Aktivitätsdrang ein entsprechender Entfaltungsspielraum zur Verfügung gestellt wird. „Damit ein Kind sich in seiner Gesamtpersönlichkeit optimal entfalten kann, braucht es entsprechenden Raum, eben Bewegungsraum. Zum Zweiten muss dieser Raum mit entwicklungsanregendem Material, mit Objekten verschiedener Art ausgestattet sein, an denen und mit denen sich das Kind in seiner grobmotorischen und feinmotorischen Handlungskompetenz spielerisch-experimentell üben und auseinandersetzen kann. Und drittens braucht es genügend Zeit, um dies – möglichst ungelenkt und ungestört, vor allem aber auch unbeeinflusst von elterlichem Ehrgeiz – nach Lust und Laune realisieren zu können" (Kiphard 1987, 86).

Einen schematischen Überblick elementarer Bewegungsformen der ersten acht Lebensjahre wird in den Abbildungen 10 und 11 vorgestellt. Diese bieten durch die Entzerrung komplexer Wirklichkeiten (vgl. Balster 1998) einen groben Orientierungsrahmen.

3.2.2 Entwicklung der Wahrnehmung

Wahrnehmung ist die Voraussetzung für Reaktionen, für Kommunikation und Auseinandersetzung mit sich und der Umwelt. Neben den dominierenden visuellen Reizen sind es auditive, vestibuläre, taktile, kinästhetische, olfaktorische und gustatorische Stimuli, die als Informationen aufgenommen und über spezifische – afferente – Nervenbahnen dem Gehirn zugeleitet werden. Dort werden sie mit bereits abgespeicherten Informationen verglichen, mit Informationen aus gleichen oder anderen Wahrnehmungsbereichen koordiniert und schließlich gespeichert. Sie münden – über efferente Nervenbahnen – in Reaktionen motorischer, mimischer oder sprachlicher Art. Diese Reaktionen wiederum werden als Rückmeldung für die derzeitigen und weiteren Wahrnehmungsprozesse genutzt.

Die Fähigkeit des Gehirns, unterschiedliche Wahrnehmungsreize zu einem sinnvollen Handlungsplan zu verknüpfen, wird als sensorische Integration bezeichnet. Sie befähigt den Menschen, sich und seine Umwelt genau wahrzunehmen, Lernprozesse zu bewältigen und auf Umweltgegebenheiten adäquat zu reagieren.

Um dies zu gewährleisten muss die Arbeits- und Verarbeitungsfähigkeit des Gehirns durch entsprechende Reize angeregt werden. Dieser Vorgang beginnt bereits im Mutterleib. Der Embryo verschafft sich durch Bewegungen, durch das Einnehmen unterschiedlicher Lagen und durch das Berühren mit der Uteruswand vor allem vestibuläre, taktile und kinästhetische Wahrnehmungsreize. Dieser Prozess wird nach der Geburt durch die aktive Auseinandersetzung des Kindes mit sich und seiner Umwelt fortgesetzt. Voraussetzung dafür ist, dass die Umwelt dem Kind auch die dafür notwendigen Erfahrungsmöglichkeiten bietet. Für die kindliche Entwicklung kommt den sogenannten Basissinnen (Ayres 1984) eine besondere Bedeutung zu: Das vestibuläre, taktile und kinästhetische System bilden die Grundlage sensorischer Verarbeitung und damit ein Fundament kindlicher Entwicklung.

Vestibuläre Wahrnehmung

Die vestibuläre Wahrnehmung ist für die Gleichgewichtsregulation des Körpers verantwortlich. Ohne sie ist z. B. in aufrechter Position keine koordinierte Bewegung möglich. Das Gleichgewichtsorgan befindet sich im knöchernen Labyrinth des Innenohrs. Es reagiert auf die Schwerkrafteinwirkung und auf Bewegungs- und Lageveränderungen des Körpers im Raum. Das Vestibularsystem entwickelt sich zwischen dem 2. und 7. Schwangerschaftsmonat. Durch Fremdbewegungen der Mutter und Eigenbewegungen des Kindes wird die vestibuläre Wahrnehmung stimuliert. Die Möglichkeit der Verarbeitung vestibulärer Reize ist bei der Geburt vorhanden und stellt die grundsätzliche Voraussetzung für eine normale Bewegungsentwicklung dar.

Die Gleichgewichtsregulation ist ein sehr komplexer Vorgang, der auf einem Zusammenspiel des Vestibularorgans mit dem visuellen und kinästhetischen Wahrnehmungsbereich beruht. Die Beziehung zur visuellen Wahrnehmung wird uns bewusst, wenn wir uns mit geschlossenen Augen auf ein Bein stellen. Gleichzeitig beeinflusst die Verarbeitung vestibulärer und kinästhetischer Informationen die Kontrolle der Augenbewegungen und der Hals-/Nackenmuskulatur. Die Kontrolle der Hals-/Nackenmuskulatur ermöglicht es dem Kind, seinen Kopf zu heben und stabil zu halten. Dies stellt die Grundlage für den Aufbau von Haltemechanismen und damit für die Gesamtaufrichtung des Menschen dar. An dieser Stelle wird nochmals deutlich, wie eng motorische und sensorische Prozesse miteinander verbunden sind.

Durch die Kontrolle der Augenbewegungen ist das Kind in der Lage, ein stabiles Gesichtsfeld aufrecht zu erhalten, wenn es z. B. einen Gegenstand mit den Augen verfolgt. Diese Leistung ist bedeutsam für die Auge-Hand-Koordination. Aber auch für das Lesen lernen ist die

Aufrechterhaltung eines stabilen Gesichtsfeldes Voraussetzung. Dadurch sind die Kinder in der Lage, einen Text Zeile für Zeile zu lesen.

Die Rolle des Vestibularapparates zur Aufrechterhaltung eines stabilen Gesichtsfeldes soll anhand eines Experimentes deutlich werden: Dazu halten Sie Ihre Hand in einer Entfernung von ca. 30 Zentimetern so vor Ihr Gesicht, dass die Handinnenfläche zu Ihnen gekehrt ist. Richten Sie Ihren Blick darauf und bewegen Sie dabei Ihren Kopf hin und her. Wenn Ihr vestibuläres System „normal" funktioniert, können Sie Ihre Handlinien immer noch gut erkennen. Es signalisiert den Augenmuskeln, die Augen jeweils entgegengesetzt zur Bewegungsrichtung Ihres Kopfes zu drehen. Wenn Sie jetzt Ihren Kopf ruhig halten und die Hand davor immer hin- und her bewegen, so werden Sie Ihre Handfläche nur verschwommen wahrnehmen. Dieses einfache Experiment soll veranschaulichen, dass die Augenbewegungen besser gesteuert werden, wenn zusätzliche Informationen aus dem Gleichgewichtsapparat verfügbar sind.

Eine weitere Verknüpfung besteht zwischen dem vestibulären und auditiven System. Beide haben sich aus einer gemeinsamen Gehirnstruktur entwickelt (vgl. Tomatis 1990). Ihre Verbindung hat erhebliche Auswirkungen auf die Sprachentwicklung.

Taktile Wahrnehmung

Die taktile Wahrnehmung reagiert auf Informationen, die über die Haut empfangen werden (Druck, Berührung, Temperatur, Schmerz). Sie entwickelt sich über das globale Empfinden von Tasteindrücken hin zu einer zunehmenden Differenzierungsfähigkeit für Tasteindrücke. Diese trägt einerseits dazu bei, dass das Kind eine immer genauere Vorstellung von seinem Körpers erhält und andererseits die unterschiedlichen Qualitäten von Materialien und Gegenständen in seiner Umgebung unterscheiden lernt. Berührungsreize kann das Kind mit ca. 2,5 Jahren lokalisieren. Mit ca. 3,5 bis 4 Jahren erkennt es durch Abtasten Gegenstände, die ihm vertraut sind, z. B. Ball, Löffel, Schere. Mit 5 bis 6 Jahren gelingt dem Kind die Identifizierung abstrakterer Formen, z. B. Viereck, Kreis, Dreieck, die ihnen auf den Handrücken gemalt werden (vgl. Barth 1997, 66).
Darüber hinaus stellt die Haut ein wesentliches Medium der Kontaktaufnahme und Kommunikationsmöglichkeit dar. Über die Haut nimmt das Kind die ersten Informationen aus seiner Umwelt auf und lernt Berührungen eine entsprechende Bedeutung zu geben. Darüber vermittelte Gefühle wie Zärtlichkeit, Vertrauen, Geborgenheit, Wärme sind wichtige Bausteine seiner psychisch-emotionalen Entwicklung.

Kinästhetische Wahrnehmung

Die kinästhetische Wahrnehmung umfasst die Bewegungen des eigenen Körpers oder einzelner Körperteile zueinander. Sogenannte Propriozeptoren befinden sich in Muskeln, Sehnen und Gelenken. Sie informieren über Beugung und Streckung der Muskulatur sowie über die dabei auftretenden Spannungsverhältnisse. Zusammen mit der taktilen und vestibulären Wahrnehmung trägt sie zur Entwicklung des Körperschemas bei. Ohne die Informationen der kinästhetischen Wahrnehmung wüssten wir nicht, wo sich die einzelnen Teile des Körpers in diesem Moment befinden. Sie sind die „Augen" des Körpers, mit denen sich der Körper selbst wahrnimmt – und wenn sie nicht funktionieren, dann ist der Körper blind (vgl. Sacks 1990, 75).

Sie entwickelt sich ebenso wie die vestibuläre und taktile Wahrnehmung bereits im Mutterleib. Nach der Geburt hat sie wesentlichen Anteil bei der Aufrichtung des Kindes gegen die Schwerkraft. So geben die Hals-/Nackenmuskeln dem Kind Informationen über die Stellung seines Kopfes zum Körper und über den Raum. In Kombination mit der taktilen und visuellen Wahrnehmung unterstützt sie das gezielte Greifen nach Gegenständen und hat somit in der weiteren Entwicklung entscheidenden Einfluss auf die Formwahrnehmung und Formunterscheidung. Das Erlernen von Symbolen, Buchstaben und Zahlen ist eng an die Funktionsfähigkeit taktil-kinästhetischer Wahrnehmungsverarbeitung geknüpft.

Darüber hinaus bilden die Informationen des kinästhetischen Systems u. a. die Grundlage für das motorische Planen. Sie sind über das Kleinhirn an der Koordination und dem harmonischen Ablauf von Bewegungen beteiligt (vgl. Price 1990, 26). Dies betrifft sowohl das Erlernen großmotorischer Bewegungsabläufe, als auch feinmotorische Aufgabenstellungen, z. B. Schleifenbinden, Einhalten von Begrenzungslinien beim Schreiben und Malen etc.

Visuelle Wahrnehmung

Die visuelle Wahrnehmung ist unser dominanter Wahrnehmungskanal. Der weitaus größte Teil der von außen kommenden Informationen wird über diesen Sinnesbereich aufgenommen. Sie ist das höchstentwickelte Sinnessystem des Menschen und bei der Geburt zugleich noch das unreifste. Der Säugling besitzt noch keinen Erfahrungshintergrund, um das Gesehene sinnvoll einordnen zu können. Hierbei kommt der Zusammenarbeit mit vestibulärer und kinästhetischer Wahrnehmung eine besondere Bedeutung zu. Erst wenn Kopf, Rumpf und Augen stabil gehalten werden können, kann das Kind Gegenstände fixieren und scharf sehen. Nach Erkenntnissen der Säuglingsforschung (vgl. Barth 1997, 81) suchen bereits Neugeborene aktiv nach visuellen Reizen und können verschiedene Reize voneinander unterscheiden.

Die visuelle Wahrnehmung lässt sich in unterschiedliche Bereiche unterteilen (vgl. Frostig 1974, Barth 1997):

> **Visuomotorische Koordination** ist die Fähigkeit, das Sehen und die Bewegungen des Körpers miteinander zu koordinieren: Das Bauen mit Klötzen, das Fangen eines Balles, das Schreiben und Basteln sind Beispiele für diesen Zusammenhang. Als Voraussetzung bedarf es dazu einer guten taktilen, kinästhetischen und vestibulären Wahrnehmungsverarbeitung.

> Bei der **visuellen Figur-Grund-Unterscheidung** muss das Kind Reize aus seiner Umgebung so strukturieren, dass es die für den Moment notwendigen Informationen in den Mittelpunkt seiner Aufmerksamkeit stellen kann.

Abb. 12

› Die **Formkonstanz** beinhaltet die Fähigkeit, bestimmte Eigenschaften eines Gegenstandes unabhängig von seiner Größe oder Lage als gleich zu erkennen (z. B. unterschiedlich große Vierecke aus einer Vielzahl geometrischer Figuren als Vierecke erkennen).

› Die **Raumlage** bezeichnet die räumliche Beziehung der wahrnehmenden Person zu einem Gegenstand. Die Person ist der Bezugspunkt, die Gegenstände werden hinter, vor, über und seitlich von ihr lokalisiert. Eng verbunden mit der Raumlage ist das Erkennen räumlicher Beziehungen. Zwei oder mehrere Gegenstände müssen hierbei in Bezug zu sich selbst oder in Bezug zueinander gebracht werden.

› Die **Formwahrnehmung** hilft uns geometrische Strukturen voneinander zu unterscheiden (z. B. b – d, p – q). Diese Fähigkeit stellt eine wichtige Grundlage des Lesens und Schreibens dar.

› Durch das **visuelle Gedächtnis** sind wir in der Lage, Gesehenes erinnern zu können. Zahlen, Buchstaben und Symbole können dadurch erkannt und in der richtigen Reihenfolge zugeordnet werden.

Auditive Wahrnehmung

Das Hörorgan liegt im Mittel- und Innenohrbereich in räumlicher Nähe zum Gleichgewichtsorgan.
Über das auditive System können wir Töne, Geräusche und Klänge wahrnehmen und unterscheiden. Darüber hinaus ist die funktionsfähige auditive Wahrnehmung die Voraussetzung für die Entwicklung der Sprache. Schon im Mutterleib nehmen Kinder Geräusche und Töne wahr, die sich in der nachgeburtlichen Entwicklung zunehmend differenzieren.

Ähnlich wie bei der visuellen Wahrnehmung lassen sich auch für die auditive Wahrnehmung verschiedene Bereiche unterscheiden (vgl. Eggert 1992, Zimmer 1995):

> **Auditive Aufmerksamkeit** bedeutet, dass ein Kind sich auf Gehörtes konzentrieren, sich auf akustische Reize einstellen kann.

> Unter **auditiver Figur-Grund-Unterscheidung** ist die Fähigkeit gemeint, wichtige für den Moment notwendige Reize aus den Nebengeräuschen herauszulösen. So erfordert es z. B. die Situation im Gruppenraum und Klassenzimmer, dass ein Kind die Stimme der Erzieherin oder Lehrerin aus der Vielzahl der Geräusche heraushören kann.

> Aufgrund **auditiver Diskrimination** ist der Mensch in der Lage, Ähnlichkeiten und Unterschiede von Tönen und Lauten zu erkennen. Dies ist von entscheidender Bedeutung für den Spracherwerb, wenn z. B. ähnlich klingende Buchstaben wie b und p oder d und t unterschieden werden müssen.

> **Auditive Lokalisation** bezeichnet das Vermögen, eine Geräuschquelle räumlich einzuordnen, also die Richtung eines Geräusches bestimmen zu können.

> Um Gehörtes wiederzuerkennen und wieder abrufen zu können, bedarf es **auditiver Merkfähigkeit**. So bildet die Fähigkeit, die Reihenfolge von Buchstaben oder Wörtern zu behalten, die Grundlage des Lesen lernens.

Körperschema

Ayres (1984, 134) bezeichnet das Körperschema als „neurales Gedächtnis", das aus „Landkarten" jedes einzelnen Abschnitts unseres Körpers und seiner Funktionsweise besteht. Durch sie ist das Kind in der Lage, bewusst eine Haltung einzunehmen, sich zu bewegen, zu krabbeln, aufzustehen, zu laufen und seinen Körper situativ so anzupassen, dass es nicht das Gleichgewicht verliert oder hinfällt, während es gerade seine Körperhaltung verändern oder sich fortbewegen will. Das Körperschema entwickelt sich auf der Grundlage der Integration vestibulärer, kinästhetischer und taktiler Wahrnehmung. Es beinhaltet (vgl. Bielefeld 1986):
> das Wahrnehmen und Empfinden des eigenen Körpers,
> das Einschätzen von Größenverhältnissen sowie der räumlichen Ausdehnung des eigenen Körpers,
> die Kenntnis von Bau und Funktion des Körpers und seiner Teile.

Auf diesem Hintergrund erlebt das Kind den eigenen Körper als Bezugspunkt, um sich im Raum zu orientieren, ihn zu erfassen und Bewegungen planen und ausführen zu können. Entscheidende Informationen zur Raumwahrnehmung kommen von der visuellen und auditiven Wahrnehmung dazu, um beispielsweise Entfernungen im Raum abschätzen zu können. Das Körperschema ist die Voraussetzung für weitere Entwicklungsschritte des Kindes (vgl. Ayres 1984, 89 f.):

> für die Entwicklung der Körperkoordination
> für das erfolgreiche Überkreuzen der Körpermittellinie
> für die Ausbildung einer dominanten Körperseite

Nach Kesper/Hottinger (vgl. 1993, 51) lässt die Entwicklung des Kinderbildes vom Kopf-füßler zur fertigen Menschenzeichnung *vorsichtige* Rückschlüsse auf die Entwicklung des Körperschemas zu. Unten sind einige Beispiele von Kinderzeichnungen dargestellt (s. Abb. 13 a – 13 d, S. 36, 37).

Abb. 13 a: 5, 4 Jahre

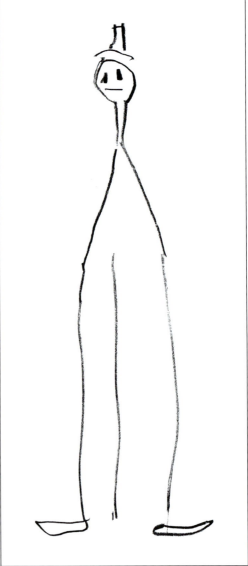

Abb. 13 b: 4,11 Jahre

Abb. 13 e: 5,3 Jahre

Abb. 13 c: 4,9 Jahre

Abb. 13 d: 5 Jahre

Lateralität

Die Lateralität (vgl. Barth, 1997, Brand et al., 1997) entwickelt sich sowohl innerhalb der Funktionen der beiden Gehirnhälften als auch in dem bevorzugten Gebrauch einer Körperseite und eines paarig angelegten Aufnahme- (z. B. Augen, Ohren) oder Ausführungsorgans (z. B. Hände, Füße). Alle paarig angelegten Organe haben unter anderem den Sinn, dass sie unsere sensorischen und motorischen Möglichkeiten erweitern: Mit einem Ohr können wir hören, aber nicht bestimmen, woher der Ton kommt. Mit einem Bein können wir hüpfen wie ein Känguru, aber nicht gehen. Mit einer Hand können wir uns festhalten, aber nicht klettern. Zu solch komplexen Leistungen sind wir in der Lage, weil auch unser Gehirn aus zwei Teilen (Hemisphären) besteht, die über das Corpus callosum (Balken) miteinander kommunizieren. So werden beispielsweise visuelle Informationen, die im Sehzentrum der linken Gehirnhälfte eintreffen, mit den ankommenden Informationen der rechten Gehirnhälfte verglichen. Aus diesen Unterschieden werden dann weitere Berechnungen, z. B. über die Entfernung eines Objektes, angestellt.

In diesem Zusammenhang spielt der Begriff der Bilateralkoordination eine wichtige Rolle. Darunter wird das symmetrische Funktionieren und Beherrschen der beiden Körperseiten im Zusammenspiel verstanden. Beispiele für bilaterale Leistungen sind das beidhändige Fangen eines Balles oder das beidbeinige Hüpfen. Für Ayres (vgl. 1979, 190) ist eine gute Bilateralkoordination die Voraussetzung für die Entwicklung der Lateralität – die Bevorzugung/Spezialisierung einer Körperseite. Diese drückt sich in der sogenannten Präferenz- oder Leistungsdominanz aus. „Die Präferenzdominanz zeigt sich überwiegend im spontanen Gebrauch einer Hand bei Verrichtungen des täglichen Lebens oder auch bei neuartigen Aufgaben. Bei der Leistungsdominanz werden Tätigkeiten geprüft, bei denen Genauigkeit, Schnelligkeit und Kraft eine Rolle spielen" (Remschmidt et al. zit nach Brand et al. 1997, 68). Bei den meisten Menschen stimmen Präferenz- und Leistungsdominanz überein. Aus diesem Grund wird im praktischen Teil dieses Buches ausschließlich der Begriff Präferenzdominanz verwendet.

Bereiche	Fragestellungen
Motorik	
› Allgemein	Wie wirkt das Bewegungsverhalten des Kindes?
› Grobmotorik	Wie gestaltet das Kind seine Bewegungsabläufe?
	Wie wirken Bewegungsrhythmus und Bewegungsfluss?
› Gleichgewichtsfähigkeit	Wie balanciert das Kind?
› Feinmotorik	Wie ist die Handhabung von Stift und Schere?
Wahrnehmung	
› Taktile Wahrnehmung	Wie fasst das Kind Materialien an?
	Wie reagiert das Kind auf Berührungen?
› Kinästhetische Wahrnehmung	Wie wirkt der Krafteinsatz des Kindes?
	Wie passt sich die Körperhaltung einer Bewegung an?
	Wie genau und gezielt sind Bewegungen?
› Vestibuläre Wahrnehmung	Wie reagiert das Kind auf Schaukeln, Drehen, Rutschen, Klettern …?
	Wie findet Positionswechsel statt?
› Visuelle Wahrnehmung	Wie reagiert das Kind auf optische Signale?
› Auditive Wahrnehmung	Wie reagiert das Kind auf akustische Signale?
Emotionalität/Selbstkonzept	
› Emotionale Grundsteuerung	Wie wirkt das Kind in seiner Grundstimmung?
› Motivation	Wie motiviert absolviert das Kind seine Aufgaben?
› Konzentration	Kann das Kind beim Erklären, Vorlesen etc. zuhören?
	Ist konstruktives Spielen über einen längeren Zeitraum möglich (20–30 Minuten)?
› Assoziationsfähigkeiten	Wie werden äußere Eindrücke aufgenommen, verarbeitet und gestaltet?
› Selbstwertgefühl/Selbstvertrauen	Wie verhält sich das Kind in neuen Spiel- und Übungssituationen?
	Wie schätzt das Kind seine Fähigkeiten ein?
Spielverhalten	
› Spielaktivitäten und -themen	Welche Aktivitäten und Themen wählt/bevorzugt das Kind?
› Spiel- und Regelverständnis	Wie geht das Kind mit Regeln und Vereinbarungen um?
Sozialverhalten	
› Kontaktaufnahme	Wie gestaltet das Kind die Kontaktaufnahme?
› Einordnen in der Gruppe	Wie verhält sich das Kind in der Gruppe?
› Konfliktverhalten	Wie verhält sich das Kind in Konfliktsituationen?

Abb. 14: Beobachtungsstruktur psychomotorischer Verhaltensbereiche

3.3 Fördern

Das Ziel psychomotorischer Förderung ist es, die Handlungsfähigkeit der Kinder über die Teilaspekte Ich-, Sach- und Sozialkompetenz zu verbessern. Im Sinne eines förderdiagnostischen Vorgehens geht es in der Praxis um den Balanceakt, einerseits die individuellen Stärken und Schwächen der Kinder zu betrachten und andererseits den unterschiedlichen Bedürfnissen und Anforderungen der Gruppe gerecht zu werden. Psychomotorische Begleitung basiert auf einem ganzheitlichen Ansatz und stellt dabei stets das Kind mit seiner Persönlichkeit in den Mittelpunkt des Geschehens. Über die Tätigkeiten des Balancierens, Kletterns, Laufens, Drehens, Rutschens etc. findet eine Auseinandersetzung des Kindes mit grundlegenden Entwicklungsthemen statt.

Ein facettenreiches Angebot bei allen Spielen und Übungen unterstützt dabei ein elementares methodisches Prinzip der Psychomotorik, die Entwicklungsorientiertheit. Damit wird gewährleistet, dass die Kinder in einer Gruppe, unabhängig von ihrer Gruppenstruktur, entsprechend ihrer Entwicklungsvoraussetzungen gefördert werden. Gleichzeitig erhalten wir über die unterschiedlichen Handlungssituationen und -kompetenzen eine Information über die Realisierungsmöglichkeiten des Kindes. Ein Wechsel von Strukturiertheit und Offenheit in den psychomotorischen Stunden eröffnet den Kindern vielfältige Möglichkeiten, sich zu erfahren, andere zu erleben und unterschiedliches Material zu erproben.

Hervorzuheben ist in diesem Zusammenhang, dass erlebnisorientierten Inhalten der Vorzug vor starren Übungsabfolgen gegeben werden sollte. Die psychomotorische Förderung ist *eine* Möglichkeit, Kinder in ihrer Entwicklung zu unterstützen. Wichtig erscheint uns an dieser Stelle der Hinweis, dass der Erfolg einer Förderung wesentlich von der Kooperation aller am Prozess des Kindes beteiligten Personen abhängt. Dies bedeutet beispielsweise, dass sich Erkenntnisse aus psychomotorischer Förderung und Diagnostik auch in anderen Kontexten, in denen sich das Kind aufhält, niederschlagen und umgekehrt.

4. „Die Abenteuer der kleinen Hexe" – Das Beobachtungsverfahren

Die „Abenteuer der kleinen Hexe" ist ein strukturiertes Beobachtungsverfahren für 4–7-jährige Kinder. Unter der Berücksichtigung von Prinzipien und Zielen der Förderdiagnostik ist das Beobachtungsverfahren entstanden. Die Sichtweise des Beobachters soll an den Stärken des Kindes orientiert sein. Bewegung, Wahrnehmung und deren Entwicklungsverläufe rücken dabei in den Vordergrund des Interesses und fließen in einen dynamischen Kreislauf von Beobachten, Verstehen, Beurteilen und Fördern. Der Beobachter und alle am förderdiagnostischen Prozess beteiligten Personen nehmen dabei eine zentrale Rolle ein (vgl. Kapitel 3.1).

Das vorliegende Beobachtungsverfahren bietet in drei Geschichten insgesamt 24 Aufgabenstellungen an. Diese sind so konstruiert, dass die Kinder spielerisch und kindgemäß an spezielle Beobachtungssituationen herangeführt werden. Im Gegensatz zu künstlichen Testsituationen wird hier eine an der subjektiven Befindlichkeit des Kindes und seinen individuellen Ressourcen ausgerichtete Vorgehensweise angestrebt.

4.1 Begründung der Auswahl der Beobachtungsmerkmale

Den sogenannten Basissinnen (vestibuläre, taktile und kinästhetische Wahrnehmung) kommen in der kindlichen Entwicklung eine besondere Bedeutung zu (vgl. Kapitel 3). Sie bilden die Grundlage sensorischer Verarbeitung und sind somit das Fundament, um sich selbst wahrzunehmen, Lernprozesse zu bewältigen und adäquat auf unterschiedlichste Umweltreize zu reagieren. Dieses Zusammenspiel unterstützt wesentliche Bereiche wie Motorik, Sprache, Kognition, Fein- und Grafomotorik, räumliche Vorstellung, psycho-soziales und psycho-emotionales Verhalten. Die elementaren Voraussetzungen wie Wortverständnis, Sprachvorstellung, Abstraktionsvermögen, Konzentration, Lateralität, Rhythmisierung, Raum-Lage-Orientierung, Form-Konstanz-Wahrnehmung, Selbsteinschätzung, Sozialverhalten, Körperkoordination stellen wesentliche Bausteine für das Lernen dar. Nach Jean Ayres (1984) „ist Lernen eine Funktion des gesamten Nervensystems, die in enger Beziehung zu den Faktoren Sprache, Motorik, Kognition, Emotion und Soziabilität stehen".

Diese Voraussetzungen bringen heute viele Kinder nicht mehr mit. Sie haben Schwierigkeiten mit ihrem Körper, und es fällt ihnen schwer, einen Schulvormittag lang am Tisch zu sitzen. Ihr Muskeltonus kann die zum Sitzen notwendige Spannung nicht halten. Das Stifthalten bereitet den Schülern Schwierigkeiten. Defizite in der Feinmotorik, Kraftdosierung und Lateralität machen den Umgang beim Schreiben mühsam, der Pinzettengriff wird von immer weniger Erstklässlern beherrscht. Das „an die Tafel sehen" setzt voraus, dass Kopfkontrolle, Gleichgewichtsverlagerung, Raumorientierung, Augenmuskelkontrolle ausgebildet sind. Visuelle und auditive Wahrnehmung, Aufmerksamkeit und Gedächtnisfähigkeit sind weitere elementare Grundlagen zum Erwerb der Kulturtechniken.

LERNBAUM

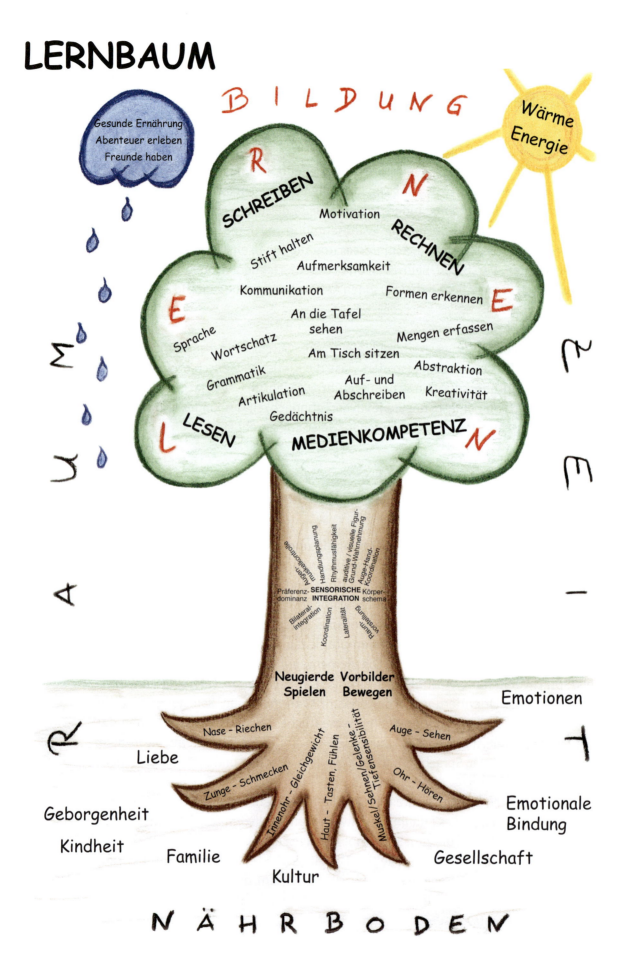

Abb. 15: Der Lernbaum (Schönrade 2006)

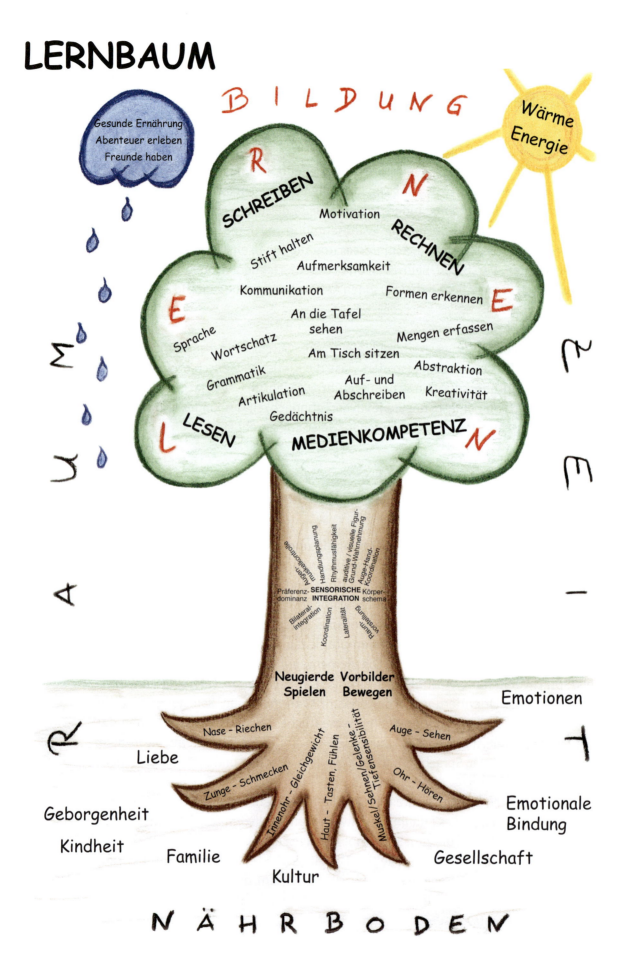

Die Beobachtungsmerkmale sind so ausgewählt, dass die gewonnenen Beobachtungen Grundlagen für psychomotorische Förderpläne sein können. Darüber hinaus erhalten vor allem die pädagogischen Fachkräfte in Kindertageseinrichtungen und Schulen für ihren Berufsalltag zahlreiche Antworten auf offene Fragen, wenn es um Entwicklungs- und Lernschwierigkeiten oder Verhaltensweisen der Kinder geht (s. Abb. 15, S. 42).

4.2 Organisatorische Hinweise zur Durchführung

Praktische Hinweise zur Durchführung und zum Setting:

> vor der Durchführung das *Material* zusammenstellen: fehlende Gegenstände ergänzen, Vorlagen kopieren, Hexendiplom erstellen, eventuell spezielle Kleidung etc.

> *Organisation*: Raumfrage, Absprache mit dem Team, Zeitfenster festlegen, Voraussetzungen der Kinder, z. B. Alter, Entwicklung, Sprachverständnis, Ausdauer/Konzentration, Anzahl der Kinder einer Gruppe, Verbleib der nicht einbezogenen Kinder, Information für die Eltern und gegebenenfalls Einverständniserklärung

> Auswahl der *Gruppengröße*: zwei bis sechs Kinder sind ideal, abhängig von Gruppenstruktur, Voraussetzungen der Kinder, Erfahrungen der pädagogischen Fachkraft, Raumgröße, Zeitfaktor, Zielvorstellung

> *Zeitbedarf* je Geschichte mit acht Aufgaben: ca. 60 Minuten (je nach Gruppenstruktur und Voraussetzungen der Kinder: vier Aufgaben in ca. 60 Minuten)

> anhand der Fotos, der Aufgabenbeschreibung und der Beobachtungshinweise Bewegungsabläufe studieren und ausprobieren

> *Geschichte* nicht in gesamter Länge vorlesen oder erzählen, sondern Teil für Teil

> bei Unverständnis des Kindes führt die pädagogische Fachkraft die Aufgabe vor

> weniger verbal als motorisch agieren (vor allem bei Kindern nichtdeutscher Herkunft)

> Entscheidung treffen: *Videodokumentation* mit Kollegin/Kollege oder gleichzeitige Dokumentation per Beobachtungsbogen (Wir empfehlen eine Videodokumentation zur anschließenden Analyse im Team und für Elterngespräche.)

> Um einen Überblick über Stärken und Schwächen des Kindes zu erhalten, kann der *Profilbogen* (siehe Anhang) genutzt werden.

Eigene inhaltliche Ideen zur Durchführung des Beobachtungsverfahrens sind erwünscht!
Die Geschichten können abgeändert werden: z. B. statt im Hexenland, erleben die Kinder die Abenteuer der Bremer Stadtmusikanten oder bestehen die Prüfungen im Dschungel.

Bitte beachten Sie dabei, dass

› die Auswahl der entsprechenden Beobachtungsmerkmale nicht verändert wird,

› die Anzahl der Aufgaben nicht mehr als acht je Geschichte beträgt,

› die Fragestellung bei der Konstruktion einer neuen Aufgabe erhalten bleibt z.B.: Kann ich das beobachten, was ich beobachten will?

› Wechsel der Aufgabeninhalte aktiv – passiv – konzentrativ.

Checkliste zu Übersicht

Material zusammenstellen

- [ ] fehlende Gegenstände ergänzen
- [ ] Vorlagen kopieren
- [ ] Hexendiplom erstellen
- [ ] Kisten/Körbe/Beschriftung
- [ ] evtl. besondere Kleidung der pädagogischen Fachkraft

Organisation

- [ ] Raumfrage
- [ ] Absprache mit Kollegin/Kollege
- [ ] Zeitfenster festlegen
- [ ] Voraussetzungen der Kinder
- [ ] Anzahl der Kinder einer Gruppe
- [ ] Verbleib der nicht einbezogenen Kinder
- [ ] Information für die Eltern und gegebenenfalls Einverständniserklärung

Durchführung des Beobachtungsverfahrens

- [ ] Erprobungsdurchführung (evtl. mit Kollegin/Kollege)
- [ ] Geschichte vorstellen (vorlesen, erzählen, erläutern)
- [ ] Auswahl der Kinder
- [ ] Raum vorbereiten (Stationen aufbauen, Raumbedingungen berücksichtigen)
- [ ] zweckmäßige Kleidung der Kinder
- [ ] „Hexenpass"/Stempel
- [ ] Variationen: 3–7 Kinder, Altersklassen, Aufgabenanzahl (8, 4:4, 3:3:2, 2:3:3)
- [ ] Zeitrahmen (max. 60 Minuten)
- [ ] Art der Durchführung: Kollegin/Dokumentation, Videoaufzeichnung

Auswertung

- [ ] Übertragung in Protokollbogen/Auswertung Videoaufzeichnung
- [ ] Austausch mit entsprechenden Kolleginnen/Kollegen
- [ ] Profilbogen anlegen
- [ ] Fazit, weitere Vorgehensweise überlegen
  (Elterngespräch, interne Förderung in der Kita, Empfehlung von Fachleuten)

Geschichte 1

Aufgabe		Beobachtungsmerkmale
1	Zauberstab mit den Augen verfolgen	Augenmuskelkontrolle, Visuelle Wahrnehmung
2	Überwinden der Brücke	Gleichgewichtsfähigkeit
3	Richtung unterschiedlicher Klänge erkennen	Auditive Wahrnehmung, Richtungshören
4	Den Drachen mit Futter besänftigen	Taktile Wahrnehmung
5	Testflug auf dem Rollbrett	Kinästhetische Wahrnehmung, Körperschema, Körperkoordination
6	Zauberkugel fangen	Auge-Hand-Koordination, Bilateralkoordination
7	Den schlafenden Riesen überlisten	Fußdifferenzierung, Auge-Fuß-Koordination, Gleichgewichtsfähigkeit
8	Zauberformel malen	Bilateralkoordination

Geschichte 2

Aufgabe		Beobachtungsmerkmale
1	Weg einzeichnen	Präferenzdominanz, Visuelle Wahrnehmung, Visuomotorische Koordination
2	Einen reißenden Bach überqueren	Lateralität, Gleichgewichtsfähigkeit
3	Rückwärtsgehen auf einem schmalen Pfad	Gleichgewichtsfähigkeit
4	Dichtem Gebüsch entkommen	Kinästhetische Wahrnehmung, Körperschema
5	Körperstellen zeigen und/oder benennen	Taktil-kinästhetische Wahrnehmung, Körperorientierung
6	Bilder wiedererkennen	Visuelle Wahrnehmung, Visuelles Gedächtnis
7	Im Dunkeln einem Geräusch folgen	Auditive Wahrnehmung, Richtungshören
8	Werfen gegen den Baum	Kinästhetische Differenzierung, Auge-Hand-Koordination, Präferenzdominanz Hand

Geschichte 3

Aufgabe		Beobachtungsmerkmale
1	Goldtaler sortieren	Präferenzdominanz Hand
2	Größten und schwersten Edelstein finden	Taktil-kinästhetische Wahrnehmung
3	Eine Zauberformel nachzeichnen	Auge-Fuß-Koordination, Gleichgewichtsfähigkeit, Präferenzdominanz Fuß
4	Zaubersprung	Körperkoordination, Kinästhetische Wahrnehmung, Gleichgewichtsfähigkeit
5	Zeichnung vom Zauberwald ergänzen	Visuelle Wahrnehmung, visuelle Figur-Grund-Wahrnehmung
6	Formen ertasten und wiedererkennen	Taktil-kinästhetische Wahrnehmung
7	Figuren nachmachen	Körperschema, Kinästhetische Wahrnehmung
8	Durch einen Zauberreifen steigen	Körperschema, Körperkoordination, Beweglichkeit

Geschichte 1
„Im Land der Oberhexe"

Geschichte 1 — „Im Land der Oberhexe"

Ihr entschließt euch, in das Land der Hexen aufgenommen zu werden, um dort als Hexen leben zu können. Es ist nicht einfach! Eine Hexenprüfung muss erfolgreich abgelegt werden. Diese wird von der Oberhexe angeleitet.

Die Verzauberung beginnt. Ein Zauberstab wird ganz langsam vor euren Augen hin und her bewegt. Eure Augen verfolgen diesen, ohne dass der Kopf mitbewegt wird *(Aufgabe 1)*.

Nun könnt ihr in das Land der Hexen eintreten. Eine alte Holzbrücke führt über einen Fluss. Mutig geht ihr darüber *(Aufgabe 2)*.

In der Ferne hört ihr Klänge. Sind es die Stimmen der Zaubervögel? Oder der Fabelwesen? Ihr lauscht und erkennt, aus welcher Richtung diese kommen. Doch sehen könnt ihr sie nicht *(Aufgabe 3)*.

Auf dem Weg, der immer weiter in den Wald führt, begegnet euch plötzlich ein Tier des Hexenlandes, der Drache. Vor euch bleibt er stehen. Er ist auf der Suche nach Futter. Ihr teilt euer Essen, das ihr mitgenommen habt, mit ihm *(Aufgabe 4)*.

Nach diesen mutigen Ereignissen begleitet euch die Oberhexe zu einem Gerät, auf dem ihr einen Testflug üben könnt. Das Fliegen auf dem Hexenbesen, so hat man euch erzählt, ist eine sehr wichtige Aufgabe einer Hexe **(Aufgabe 5)**.

Eine weitere Prüfung im Hexenwald liegt vor euch. Eine goldene Zauberkugel fliegt durch die Luft. Jeder von euch versucht diese zu fangen, um einmal die Zauberkugel aus der Nähe zu betrachten *(Aufgabe 6)*.

Eine unendliche Treppe führt euch immer tiefer in den Wald hinein. Ihr steigt hinauf und entdeckt einen Riesen, der sich weit hinter den Stufen einen Platz zum Schlafen gesucht hat. Er hütet seine Schätze, die in der Sonne auf dem Waldboden glitzern. Eine schwierige Aufgabe muss bewältigt werden. Jeder von euch sucht sich einige von den Edelsteinen aus, ohne den Riesen im Schlaf zu stören *(Aufgabe 7)*.

Der erste Teil der Hexenprüfung ist abgelegt und ihr werdet entzaubert. Mit zwei Zauberstiften malt ihr große Kreise auf eine Felsenwand – und schon seid ihr entzaubert *(Aufgabe 8)*.

Geschichte 1 – „Im Land der Oberhexe"

Beobachtungsmerkmale

Aufgabe 1 Zauberstab mit den Augen verfolgen › Augenmuskelkontrolle › Visuelle Wahrnehmung	**Aufgabe 2** Überwinden der Brücke › Gleichgewichtsfähigkeit
Aufgabe 3 Richtung unterschiedlicher Klänge erkennen › Auditive Wahrnehmung › Richtungshören	**Aufgabe 4** Den Drachen mit Futter besänftigen › Taktile Wahrnehmung
Aufgabe 5 Testflug auf dem Rollbrett › Kinästhetische Wahrnehmung › Körperschema › Körperkoordination	**Aufgabe 6** Zauberkugel fangen › Auge-Hand-Koordination › Bilateralkoordination
Aufgabe 7 Den schlafenden Riesen überlisten › Fußdifferenzierung › Auge-Fuß-Koordination › Gleichgewichtsfähigkeit	**Aufgabe 8** Zauberformel malen › Bilateralkoordination

Aufgabe 1 – Zauberstab mit den Augen verfolgen

Beobachtungsmerkmal: Augenmuskelkontrolle
Visuelle Wahrnehmung

Begriffserklärung Augenmuskelkontrolle

Die Augenmuskelkontrolle bezeichnet die Fähigkeit, beide Augen im selben Abstand und im selben Tempo koordiniert zu bewegen (horizontal, vertikal). Dies dient der Voraussetzung für die Aufrechterhaltung eines stabilen Gesichtsfeldes und zur Wahrnehmung kongruenter Bilder. Diese Fähigkeit der Augenmotorik ist z. B. notwendig, um beim Lesen „in der Zeile zu bleiben" und Buchstaben zu einem Wort und Wörter zu Sätzen zusammenzufügen. Bei Störungen der Augenmuskelkontrolle werden Buchstaben ausgelassen, oder es können Fehler beim Abschreiben von Texten oder Zahlen auftreten.

Visuelle Wahrnehmung: Die visuelle Wahrnehmung entwickelt sich durch differenzierte Koordination der Augenbewegungen im Zusammenspiel mit der vestibulären und kinästhetischen Wahrnehmung. Aufgabe der visuellen Wahrnehmung ist es, optische Reize aufzunehmen, zu diskriminieren, einzuordnen, zu interpretieren, mit früheren Erfahrungen zu verbinden und dann adäquat zu reagieren. Für das Fixieren von Gegenständen sowie ein stabiles Gesichtsfeld in verschiedenen Alltags- und Spielsituationen sind eine gute Kopf- und Rumpfkontrolle wichtige Voraussetzungen.

Aufgabenbeschreibung

Die Kinder sitzen im Kreis. Die pädagogische Fachkraft bewegt den Zauberstab ca. 30 cm entfernt in Augenhöhe des Kindes in langsamen und gleichmäßigen Bewegungen. Zuerst von rechts nach links, von oben nach unten und umgekehrt (bei Richtungswechsel den Zauberstab kurz anhalten). Das Kind schaut auf die Spitze des Zauberstabes oder auf die Markierung und verfolgt diese, ohne den Kopf mitzubewegen.

Material

Zauberstab, alternativ: Stab mit einer optischen Markierung an einer Seite.

Beobachtungshinweise

Worauf kommt es bei dieser Beobachtung an?

Das Kind verfolgt kontinuierlich den Zauberstab mit den Augen, ohne den Kopf mitzubewegen.

Zusätzliche Beobachtungen

› Das Kind bewegt den Kopf beim Verfolgen des Zauberstabes mit.
› Die Augenbewegungen werden immer wieder unterbrochen.
› Die Augenbewegungen sind sprunghaft.
› Das Kind zeigt assoziierte Mitbewegungen im Gesicht.

Praktischer Tipp

Die Kinder sitzen auf einer Teppichfliese.

Förderbeispiele

› *Kannst Du warten?*
Alle Kinder stehen nebeneinander auf einer Seite des Raumes. Sie erhalten einen Tennisball und schauen sich diesen ganz genau an. Auf ein Startzeichen hin rollen alle Kinder gleichzeitig den Ball auf die andere Seite und behalten dabei ihren genau im Blick. Ist kein Tennisball mehr in Bewegung, laufen alle Kinder und suchen ihren eigenen.

› *Rollender Reifen*
Ein Gymnastikreifen wird mit Klebeband/Chiffontuch an einer Stelle markiert. Der Reifen wird über eine längere Strecke durch den Raum gerollt, wobei das Kind die Umdrehungen des Reifens zählen soll.
Variation: Der Schwierigkeitsgrad kann erhöht werden, indem der Reifen keine Markierung erhält.

› *Fische angeln*
Das Kind sitzt oder liegt in einer Hängematte mit festem Einlegebrett. Am Boden liegen Fische verteilt, die das Kind mit einer Angel oder Harpune fängt. Die Fische sind mit Ringen und Metallaugen versehen und die Angel oder die Harpune mit entsprechenden Magneten.

› *Drehscheibe*
Auf einer Drehscheibe (z. B. Varussell) wird ein entsprechend großes Papier befestigt. Die Kinder erhalten einen Filzstift und malen auf das Papier, während die Scheibe sich dreht.

› *Schaukeln*
Das Kind liegt bäuchlings in einer niedrig aufgehängten Schaukel oder Hängematte und sammelt auf dem Boden liegende verschiedenfarbige Bausteine oder ähnliche Materialien nacheinander ein.

Aufgabe 2 – Überwinden der Brücke

Beobachtungsmerkmal: Gleichgewichtsfähigkeit

Begriffserklärung

Die Gleichgewichtfähigkeit und -regulation ergibt sich aus einem komplexen Zusammen-spiel von vestibulärer, kinästhetischer und visueller Wahrnehmungsverarbeitung. Das ves-tibuläre Wahrnehmungssystem bildet die Grundlage für Haltung, Bewegung und Körper-schema. Die Rezeptoren befinden sich im Vestibularapparat, der im Innenohr lokalisiert ist, und reagieren auf Schwer- und Fliehkrafteinwirkungen. Sie registrieren Veränderungen des Kopfes/des Körpers in Bezug auf Lage, Richtung und Geschwindigkeit und geben somit ein subjektives Bewusstsein für die Lage des Körpers im Raum. Das Vestibularsystem ent-wickelt sich zwischen dem zweiten und siebten Schwangerschaftsmonat. Schon vor der Ge-

burt ist die Verarbeitungsfähigkeit für vestibuläre Reize vorhanden. Sie gilt als Voraussetzung für eine gesunde Bewegungsentwicklung.

Aufgabenbeschreibung
Die Kinder bewegen sich nacheinander vorwärts über den Teppichstreifen.

Material
Teppichstreifen (2 m lang, 10 cm breit)

Beobachtungshinweise
Worauf kommt es bei dieser Beobachtung an?
Das Kind balanciert über die gesamte Länge des Teppichstreifens, indem es einen Fuß vor den anderen setzt. Es überschreitet die Begrenzungen nicht.

Zusätzliche Beobachtungen
› Das Kind setzt immer wieder einen Fuß neben den Teppichstreifen.
› Das Kind schiebt die Füße vorwärts.
› Das Kind beugt seinen Oberkörper nach vorne; der Blick ist auf die Füße gerichtet.
› Das Kind macht starke Ausgleichsbewegungen, z. B. mit den Armen, und verliert seine Balance.

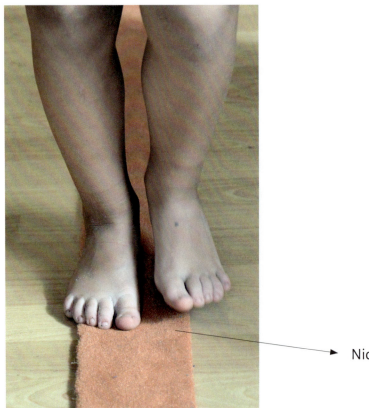

Nicht korrekt!

Förderbeispiele

> *Pferdekutsche*
> Partneraufgabe: Kind A setzt sich/legt sich in Bauchlage auf das Rollbrett und wird von
> Kind B mit Gymnastikreifen, Seil oder Gymnastikstab durch den Raum gezogen/geschoben. *Variation:* Kind B führt Kind A durch eine Slalomstrecke.

> *Seiltänzer*
> Die Kinder balancieren über am Boden liegende Reifen und Seile.
> *Variation:* Sie balancieren gleichzeitig mit Gegenständen auf dem Kopf.

> *Schwabbelsteg*
> Unter ein Kastenoberteil werden Medizinbälle so verteilt, dass ein wackeliger Steg entsteht, den die Kinder überwinden sollen.

> *Gehen im Sumpf*
> Über eine Weichbodenmatte wird ein Weg markiert, über den die Kinder gehen sollen.
> Haben sie das geschafft, wird die Aufgabe durch den zusätzlichen Transport von Gegenständen (Sandsäckchen auf dem Kopf, Tischtennisbälle auf einem Löffel etc.) erschwert.

> *Schwungtuch-Balance*
> Das Kind liegt, sitzt, kniet oder befindet sich in Vierfüßlerposition mit geschlossenen
> Augen auf einem Schwungtuch (einer Decke oder einem Betttuch) und wird vorsichtig
> durch den Raum gezogen. Es soll dabei über Ausgleich- und Stützbewegungen seine Position halten.

> *Das Wasser steigt*
> Die Kinder laufen durch den Raum. Auf Zuruf „Das Wasser steigt!" laufen sie auf bereitgestellte Erhöhungen und warten dort, bis das Wasser wieder sinkt. Sie springen ab und
> es geht weiter.

Aufgabe 3 – Richtung unterschiedlicher Klänge erkennen

Beobachtungsmerkmale: Auditive Wahrnehmung
Richtungshören

Begriffserklärung

Das Ohr nimmt Geräusche, Töne und Klänge wahr, die entsprechend differenziert, analysiert und im zentralen Nervensystem gespeichert werden. Schon im Mutterleib werden Geräusche und Töne wahrgenommen, die sich nach der Geburt zunehmend differenzieren. Voraussetzung für die Entwicklung der Sprache und der Schriftsprache ist ein gesundes Gehör und eine gut funktionierende auditive Wahrnehmungsverarbeitung. Die einzel-

nen Bereiche der auditiven Wahrnehmung umfassen die *Aufmerksamkeit,* die *Merkfähigkeit,* das *Richtungshören,* die *Diskrimination,* die *Sequenzierung,* und die *Figur-Grund-Wahrnehmung* (s. 3.2.2)

Aufgabenbeschreibung

Das Kind sitzt mit geschlossenen Augen (Augenbinde) auf dem Boden. In einem Radius von ca. 3 Metern um das Kind herum werden aus unterschiedlichen Richtungen nacheinander vier verschiedene Geräusche je zweimal erzeugt. Das Kind hat die Aufgabe, genau in die Richtung zu zeigen, aus der das Geräusch kommt (darauf achten, dass sich die Geräuschquelle nicht unmittelbar hinter dem Kind befindet).

Material

Augenbinde
4 verschiedene Klanggeräte nach Wahl

Beobachtungshinweise

Worauf kommt es bei dieser Beobachtung an?
Das Kind zeigt mit geschlossenen Augen in die Richtung, aus der die jeweiligen Geräusche kommen.

Zusätzliche Beobachtungen
› Das Kind lässt sich nicht gerne oder gar nicht die Augen verbinden.
› Das Kind zeigt erst nach einigem Zögern in die Richtung, aus der das Geräusch kommt.
› Das Kind reagiert unterschiedlich, je nach Nähe der Geräuschquelle zum rechten bzw. linken Ohr.
› Das Kind erkennt keine Richtung, aus der die Geräusche kommen.
› Das Kind zeigt nicht präzise in die Richtung, aus der das Geräusch kommt.

Praktischer Tipp

Die Geräuschkulisse im Raum sollte so ruhig wie möglich sein. Eine zweite Durchführung der Aufgabe ist ratsam, wenn das Kind Unsicherheiten im Richtungshören zeigt. Bei der erneuten Durchführung sollte die Sitzposition des Kindes eine andere Richtung zur Geräuschquelle haben, um eine evtl. ungünstige Akustik des Raumes auszuschließen (z. B. große Fensterflächen, Holzverkleidung der Wände).

Förderbeispiele

> *Stilleübung*
> Die Kinder sitzen im Kreis auf einer Teppichfliese und haben die Augen geschlossen. Ein leiser Ton (z. B. Glöckchen) wird weitergereicht. Erst wenn das Glöckchen neben dem Ohr ertönt, dürfen die Augen geöffnet werden.

> *Murmelbahn*
> Die Kinder stehen mit je einem Heulschlauch im Kreis und halten diese aneinander bzw. stecken diese mit Verbindungsstücken zusammen (einige Heulrohre in kurze Stücke schneiden und aufschlitzen). Eine Murmel wird in die Riesenmurmelbahn gelegt. Die Kinder versuchen gemeinsam, diese durch entsprechende Bewegungen durch die Bahn „rund laufen" zu lassen. *Variation:* Die Kinder schließen die Augen und bewegen die Murmelbahn nur nach eigener akustischer Wahrnehmung.

> *Raumführung*
> Zwei Kinder vereinbaren ein gemeinsames Geräusch (z. B. Fingerschnippen, Klatschen, Schnalzen etc.). Der Partner wird mit geschlossenen Augen mit Hilfe des vereinbarten Geräusches durch den Raum geführt.

> *Schatzhüter*
> Ein Kind sitzt mit geschlossenen Augen auf einer Matte in der Mitte des Raumes. Auf dieser befindet sich ein Schatz. Die anderen Kinder verteilen sich an den Randbereichen des Raumes, versuchen sich anzuschleichen und den Schatz zu stehlen. Hört der Schatzhüter ein Geräusch, zeigt er in dessen Richtung. Diejenigen Kinder, auf die gezeigt wird, müssen zurück zu ihrem Ausgangspunkt. Das Spiel ist beendet, wenn der Schatz entwendet ist.

> *Rollbrettfahren*
> Die Kinder fahren mit dem Rollbrett durch den Raum. Es werden unterschiedliche akustische Signale vereinbart für „Anhalten", „Vorwärtsfahren", „Rückwärtsfahren", „Verändern der Körperposition auf dem Rollbrett" etc. Ertönt oder erklingt das Signal, reagieren die Kinder entsprechend der Vereinbarung.

Aufgabe 4 – Den Drachen mit Futter besänftigen

Beobachtungsmerkmal: Taktile Wahrnehmung

Begriffserklärung

In unterschiedlichen Hautschichten befinden sich die sensorischen Rezeptoren, die auf Berührung, Druck, Oberflächenbeschaffenheit, Temperatur, Zug und Vibration reagieren. Es ist das größte sensorische System und bereits vor der Geburt entwickelt. Die Haut stellt ein wesentliches Medium der Kontaktaufnahme und Kommunikationsfähigkeit dar. Wichtige Bausteine für die psychisch-emotionale Entwicklung wie Zärtlichkeit, Vertrauen, Geborgenheit und Wärme werden über die taktile Wahrnehmung erfahren. Im Laufe der Entwicklung lernt das Kind zunehmend Tasteindrücke zu differenzieren. Es erhält über die taktile Wahrnehmung Informationen über Proportionen, Maße und Formen von Gegenständen sowie über unterschiedliche Oberflächenbeschaffenheiten.

Aufgabenbeschreibung

In einer Tastbox befinden sich Stoffpaare von unterschiedlicher Struktur und Oberflächenbeschaffenheit. Die Kinder suchen jeweils drei Mal zwei Stoffstücke heraus (ohne Sichtkon-
trolle), die sich gleich anfühlen.

Material
> Drache als Stofftier
> Tastbox (nach einer Seite offen, um das Tasten der Kinder zu beobachten)
> 3–5 unterschiedliche Stoffpaare

Beobachtungshinweise
Worauf kommt es bei dieser Beobachtung an?
Das Kind fasst mit beiden Händen in die Tastbox und findet nacheinander die entsprechen-
den Stoffpaare.

Zusätzliche Beobachtungen
> Das Kind greift zögernd oder gar nicht in die Tastbox.
> Es exploriert (erkundet) mit einer Hand.
> Das Kind sucht planlos/ziellos die Stoffstücke.
> Das Kind benötigt viel Zeit.
> Das Kind handelt nach Versuch und Irrtum.

Praktischer Tipp
> Die Stoffpaare sollten in ihrer Oberfläche stark unterschiedlich sein, z. B. Fell, glatter
  Stoff, Frottee, Tüll, Sackleinen.
> Da die Kinder nacheinander diese Aufgabe lösen, müssen die Stoffpaare immer wieder in
  die Tastbox gelegt werden, wobei die nachfolgenden Kinder diese nicht sehen dürfen.

Förderbeispiele

> *Waschstraße*
> Die Kinder bilden eine Gasse und knien einander gegenüber. Dann massieren und bearbeiten sie mit Bürsten, Schwämmen, Malerrollen etc. ein Kind, das als „Auto" auf einem Rollbrett liegend durch die „Waschstraße" gezogen wird.

> *Pieks 13*
> Die Kinder erhalten eine Handvoll Wäscheklammern. Diese heften sie an die Kleidungsstücke eines Kindes, das in Rückenlage auf dem Boden liegt. Vor dem Anheften der Klammer wird diese Stelle ganz leicht berührt. Das liegende Kind zeigt oder benennt diese Stelle.

> *Fühlstraße*
> Auf dem Fußboden wird mit Krepp eine Strecke markiert. Das Kind liegt bäuchlings auf dem Rollbrett und fährt mit geschlossenen Augen die Strecke entlang. Jedes Mal, wenn es an einen Querstreifen stößt, liegt rechts davon unter einem Tuch ein Symbol (je nach Alter der Kinder auswählen). Das Kind merkt sich das Symbol und fährt bis zum nächsten Querstreifen etc. Am Ende der Strecke benennt es die gefühlten Symbole (Es können beispielsweise auch Buchstaben ausgewählt werden, die anschließend zu einem Wort zusammengesetzt werden.).

> *Luftballonmassage*
> Partneraufgabe: Kind A liegt in Bauchlage auf einer Matte/Decke. Kind B rollt einen Luftballon über die gesamte Rückseite des Körpers (eventuell mit Musikeinsatz). *Variation:* wie oben – der Luftballon wird zur Hälfte mit warmem Wasser gefüllt.

> *Bürstenwanderung*
> Die Kinder stehen in einem Kreis eng beieinander. Die Hände befinden sich auf dem Rücken. Einem Kind wird eine Bürste in die Hand gelegt. Diese soll es abtasten und an das nächste Kind weiterreichen. Ist die Bürste einmal im Kreis herum gewandert, sollen die Kinder aus einer Anzahl verschiedener Bürsten herausfinden, welche sie in den Händen hatten (vgl. Bläsius 2008, 29).

> *Gewichte wahrnehmen*
> Auf unterschiedliche Körperstellen der Kinder werden unterschiedlich schwere Gegenstände gelegt (z. B. Medizinball, Sandsäckchen, Stein). Die Kinder haben die Augen geschlossen und stellen anhand des Gewichtes fest, was auf ihnen liegt.

Aufgabe 5 – Testflug auf dem Rollbrett

Beobachtungsmerkmale: Kinästhetische Wahrnehmung
Körperschema
Körperkoordination

Begriffserklärung

Die Rezeptoren (Propriozeptoren) des kinästhetischen Systems befinden sich in den Muskelspindeln, den Gelenkkapseln und den Golgi-Sehnenorganen. Sie geben uns zum einen Rückmeldung über den Spannungsgrad unseres Stütz- und Bewegungsapparates und zum anderen Informationen über die aufeinander bezogene Stellung von Muskeln, Sehnen und

Gelenken sowie deren Veränderung. Zusammen mit der taktilen und vestibulären Wahrnehmung trägt sie zur Entwicklung des Körperschemas bei. Ohne diese Information wüssten wir beispielsweise nicht, wo sich die einzelnen Körperteile in diesem Moment befinden. Die kinästhetische Wahrnehmung entwickelt sich bereits im Mutterleib und hat nach der Geburt wesentlichen Anteil bei der Aufrichtung des Kindes gegen die Schwerkraft. Hals- und Nackenmuskulatur geben dem Kind Informationen über die Stellung des Kopfes zum Körper und über den Raum. Die Bereiche der kinästhetischen Wahrnehmung umfassen ebenso das *Körperschema* (Vorstellung vom Körper, „innere Landkarte"), die *Körperorientierung* (Gefühl für den Körper entwickeln und sich mit und über ihn im Raum orientieren) sowie die *Kraftdosierung* (koordinierter und adäquater Einsatz der Muskelkraft und dazu gehörender Gelenke und Sehnen).

Aufgabenbeschreibung
Das Kind liegt in Bauchlage auf dem Rollbrett und versucht Kopf, Arme und Beine ca. 10 Sekunden hochzuhalten („Flugzeughaltung"), so dass vom Kopf bis zu den Füßen eine Bogenspannung entsteht.

Material
Rollbrett

Beobachtungshinweise
Worauf kommt es bei dieser Beobachtung an?
Das Kind legt sich in Bauchlage auf das Rollbrett. Anschließend hebt es Kopf, Arme und Beine hoch, so dass eine Bogenspannung des Körpers erkennbar ist. Diese Position hält es 10 Sekunden (der Kopf sollte nicht in eine Überstreckung [Reklination] gebracht werden).

Zusätzliche Beobachtungen
› Das Kind findet keine angemessene Ausgangsposition auf dem Rollbrett.
› Das Kind zeigt Gleichgewichtsverunsicherungen auf dem Rollbrett.
› Das Kind hält den Kopf nicht in Verlängerung des Rumpfes.
› Das Kind stützt sich mit den Händen am Boden ab.
› Das Kind legt seine Füße auf den Boden.
› Das Kind hält die Körperspannung nicht 10 Sekunden.
› Das Kind winkelt die Beine an.

Praktischer Tipp
Um dem Bedürfnis der Kinder zum Rollbrettfahren entgegenzukommen, empfiehlt sich eine aktive Phase mit diesem Gerät.

Förderbeispiele

> *Baumstammrollen*
Auf einer schrägen Ebene rollen sich die „Baumstämme" ins Tal hinunter. Dabei bauen die Kinder eine Körperanspannung auf, wobei die Arme nach oben gestreckt werden.

> *Eiskugelspiel*
Ein Pezziball/großer Gymnastikball wird durch den Raum gerollt. Dieser versucht die Kinder zu berühren. Bei Berührung „versteinern" die Kinder solange, bis sie wieder von einem nicht versteinerten Kind erlöst werden.

> *Schildkröten drehen*
Kind A befindet sich in der Bankstellung, die Hände, Knie und Füße haben eine stabile Position. Kind B versucht durch Ziehen und Schieben an Hüfte und Schulter Kind A aus dem Gleichgewicht zu bringen und auf die Seite zu drehen. Es darf dabei auch plötzlich zwischen Ziehen und Schieben wechseln.

> *Rollenwechsel*
Die Kinder bewegen sich auf verschiedene Arten fort, z. B. auf den Zehenspitzen oder auf den Hacken, schleichen, hüpfen, gehen wie ein Roboter etc.

> *Kreiselbalance*
Kind A liegt in Bauchlage auf dem Therapiekreisel. Kind B rollt ihm einen Gymnastikball zu, den A zurückstoßen soll. Das Kind versucht dabei, seine Körperhaltung beizubehalten und auch nicht vom Therapiekreisel abzurutschen.

> *Reifenhalten*
Die Kinder liegen in Bauchlage auf dem Rollbrett, halten sich an einem Gymnastikreifen fest und werden so durch den Raum gezogen. *Variation*: Die Kinder fahren mit dem Rollbrett eine Rampe (schräge Ebene) herunter.

Aufgabe 6 — Zauberkugel fangen

Beobachtungsmerkmal: Auge-Hand-Koordination
                                      Bilateralkoordination

Begriffserklärung
Auge-Hand-Koordination: Sie beschreibt das integrierte und koordinierte Zusammenspiel visuell aufgenommener Informationen mit der Handmotorik. Sie ist die Voraussetzung dafür, dass Tätigkeiten wie Bauen mit Bausteinen, Ballfangen, Schreiben etc. koordiniert ablaufen können. Intakte Augenbewegungen bilden die Grundlage für die Auge-Hand-Koordination. Sie stellt eine komplexe Leistung dar, zu der sowohl visuelle als auch taktil-kinästhetische Informationen notwendig sind.

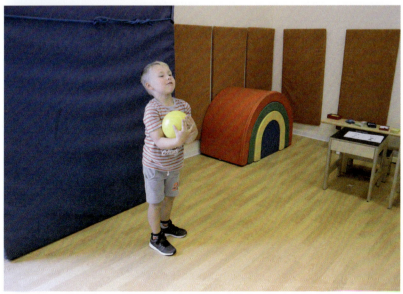

Bilateralkoordination: Darunter versteht man das koordinierte Zusammenspiel beider Körperhälften und paarig angelegter Körperteile. Sie basiert u. a. auf der Korrespondenz unserer beiden Großhirnhemisphären.

Aufgabenbeschreibung

Die Kinder stehen nebeneinander. Die pädagogische Fachkraft wirft jedem Kind einzeln mindestens zweimal den Ball zu. Das Kind fängt diesen und wirft ihn zurück. Gelingt das Fangen nicht sofort, kann die Übung bis zu 4x wiederholt werden.

Material

Softball oder Gymnastikball

Beobachtungshinweise

Worauf kommt es bei dieser Beobachtung an?

Das Kind steht in einer stabilen Ausgangsposition. Es fixiert den Ball mit den Augen und fängt diesen mit beiden Händen mindestens zweimal (bei 4-jährigen Kindern genügt ein Körperfangen [siehe Foto S. 65 unten]), ab dem 5. Lebensjahr fängt das Kind den Ball, ohne dass dieser den Körper berührt.

Zusätzliche Beobachtungen

› Das Kind findet keine stabile Ausgangsposition.
› Das Kind fixiert den Ball nicht mit den Augen.
› Die Arme sind beim Fangen asymmetrisch vor dem Körper.
› Das Kind verliert beim Fangen die Balance.
› Das Kind hält die Hände als Schutz vor das Gesicht.
› Das Kind fängt den Ball nicht.

Praktischer Tipp

Die Zauberkugel kann auch aus Zeitungspapier und Kreppband hergestellt und von den Kindern bemalt werden.

› *Luftballontennis*
Die Kinder erhalten einen an den Enden zusammengebundenen Heulschlauch und einen Luftballon und versuchen – alleine oder zu zweit – diesen in der Luft zu halten.
Variation: Halt dein Feld frei – Zwei Gruppen stehen sich gegenüber und versuchen über ein durch den Raum gespanntes Seil so viele Luftballons wie möglich auf das gegnerische Feld zu schlagen.

› *Heiße Kartoffel*
Die Kinder stehen im Kreis und werfen ihrem linken Nachbarn einen Ball zu. Dabei rufen sie: „Thomas, eine heiße Kartoffel!"
Variation: Die Kinder laufen durch den Raum – Spielidee wie oben.

› *Tuchjonglieren*
Das Kind hält in einer Hand ein Chiffontuch, wirft es hoch und fängt es mit derselben Hand. Im nächsten Schritt fängt es das Tuch mit der anderen Hand. Ein weiterer Schwierigkeitsgrad ist es, die Übung mit zwei Tüchern auszuführen. Das Kind hält in jeder Hand ein Tuch. Es wirft das erste Tuch hoch. Wenn dieses den höchsten Punkt erreicht hat wirft es das zweite. Die Tücher werden von der jeweils gegenseitigen Hand wieder aufgefangen.

› *Balltransport*
Zwischen die Handflächen von zwei Kindern wird ein Luftballon (Gymnastikball, Softball etc.) gelegt. Die Arme werden dabei seitlich hoch gehalten. Die Kinder transportieren den Ball über eine bestimmte Strecke. Anschließend wird die Hand gewechselt.

Aufgabe 7 – Den schlafenden Riesen überlisten

Beobachtungsmerkmale: Fußdifferenzierung
Auge-Fuß-Koordination
Gleichgewichtsfähigkeit

Begriffserklärung: Fußdifferenzierung, Auge-Fuß-Koordination
Die Füße stellen im sensomotorischen Informationsfluss eine wesentliche Basisinformation dar und haben einen entscheidenden Einfluss auf den gesamten Bewegungsapparat. Die Feinmotorik bezieht sich auf koordinierte und meist kleinräumige Bewegungen einzelner Körperteile, hier der Füße. Es handelt sich dabei um Bewegungen, bei denen eine differenzierte Kraftdosierung von entscheidender Bedeutung ist. Insofern gibt die Fußdifferenzierung immer auch Hinweise auf das kinästhetische System.
Bei dieser Aufgabe müssen die Bewegungen des Fußes mit dem Sehen koordiniert werden. Auch hier gilt, dass intakte Augenbewegungen eine wesentliche Grundlage für die Auge-Fuß-Koordination darstellen.

Gleichgewichtsfähigkeit: Siehe Geschichte 1/Aufgabe 2 (S. 53ff.)

Aufgabenbeschreibung

Die pädagogische Fachkraft hält für jedes Kind insgesamt 10 Murmeln bereit (für bis vier-jährige Kinder insgesamt 6 Murmeln). Jeweils eine Murmel wird vor die Mitte der Füße des Kindes gelegt. Der Abstand zu den Füßen und zur Schachtel/zum Korb beträgt jeweils eine Handbreite. Das Kind greift mit den Zehen die Murmel und legt diese in die Schachtel/den Korb. Es beginnt nach Wahl mit dem rechten oder linken Fuß und wechselt nach fünf (bei jüngeren Kindern nach drei) Murmeln den Fuß.

Material

6 oder 10 Murmeln
Korb oder Schachtel (nicht zu hoher Rand)

Beobachtungshinweise

Worauf kommt es bei dieser Beobachtung an?

Das Kind steht in einer stabilen Ausgangsposition. Es greift mit den Zehen des rechten und linken Fußes nacheinander die Murmeln und legt diese in die Schachtel/den Korb. Dabei verliert es die Murmel nicht und hält sein Gleichgewicht.

Zusätzliche Beobachtungen

› Das Kind findet keine stabile Ausgangsposition.
› Das Kind verliert die Balance und stellt immer wieder einen Fuß auf den Boden.
› Die Zehen können die Murmel nicht greifen.
› Das Kind verliert die Murmel auf dem Weg zum Korb.
› Das Kind führt die Arme seitlich nach oben, die Hände sind gefaustet.
› Das Kind hat einen erhöhten Muskeltonus.
› Das Kind zeigt assoziierte Mitbewegungen im Gesicht und der Hände.

Förderbeispiele

> *Wahrnehmungsparcours*
Flache Kisten/Kartons werden mit verschiedenen Materialien gefüllt, z. B. mit Sand, Steinen, Wasser, Moos, Rindenmulch, Holzwolle, und zu einem Parcours aufgestellt. Die Kinder gehen barfuß durch die Wahrnehmungskisten.

> *Dschungelüberquerung*
An die Holme eines Barrens werden Seile in verschiedenen Längen so angeknotet, dass eine Hängebrücke entsteht. Die Kinder überwinden den „Fluss im Dschungel", indem sie sich an den Holmen festhalten und über die Seile balancieren.

> *Luftballon durchreichen*
Die Kinder sitzen in einem Kreis auf dem Boden mit jeweils ca. 1 m Abstand zum Nachbarn. Einen Luftballon oder einen Softball geben sie mit den Füßen von Kind zu Kind weiter.

> *Barfüßiger Tausendfüßler*
Die Kinder stellen sich hintereinander auf und jedes Kind legt dem Vordermann die Hände auf die Schultern. In dieser Schlange bewegen sich die Kinder im Gleichschritt vorwärts, bis sie alle den gleichen Rhythmus gefunden haben. Auf Zuruf ändern sie diesen Schritt: z. B. auf Zehenspitzen, im gleichen Schritt, auf Fersen, im gleichen Schritt, auf Außen- und Innenkanten, im gleichen Schritt, langsam nach unten zum Entengang, langsam wieder hoch, Storchengang, breitbeinig gehen, auf einer Linie am Boden balancieren, rückwärts gehen, seitwärts gehen, dies auch auf Zehenspitzen und Fersen (Quelle: http://barfusspark.info/aktionen/fussgymnastik/index.htm)

> *Gegenstände einsammeln*
Mit beiden Füßen abwechselnd werden Korken, Zapfen, Steine etc. mit den Zehen ergriffen und in die Löcher einer Pappschachtel befördert.

Aufgabe 8 – Zauberformel malen

Beobachtungsmerkmal: Bilateralkoordination

Begriffserklärung

Darunter versteht man das koordinierte Zusammenspiel beider Körperhälften und paarig angelegter Körperteile. Sie basiert u. a. auf der Korrespondenz unserer beiden Großhirnhemisphären (siehe auch Geschichte 1/Aufgabe 6, S. 65ff.).

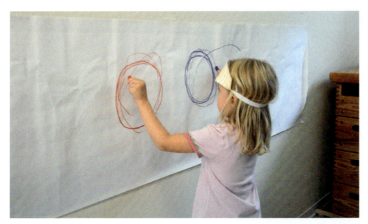

Aufgabenbeschreibung

Ein ca. zwei Meter breites Stück Papier wird an die Wand geheftet. Das Kind steht vor der Mitte des Papiers. In jeder Hand hält es einen dicken Buntstift oder Wachsmalstift. Damit malt es gleichzeitig mit Armkreisbewegungen zwei gegenläufige Kreise.

Material

Zwei Buntstifte/Wachsmalstifte
Papier ca. zwei Meter breit, Kreppband

Beobachtungshinweise

Worauf kommt es bei dieser Beobachtung an?
Das Kind malt mit beiden Händen gleichzeitig zwei gegenläufige Kreise. Dabei zeigen die beiden Kreise ähnliche Größe und Form.

Zusätzliche Beobachtungen
> Das Kind malt unterschiedliche Kreise rechts und links (z. B. groß – klein).
> Das Kind korrigiert immer wieder die Stifthaltung / setzt Stifte immer wieder ab.
> Das Kind zeigt assoziierte Mitbewegungen im Gesicht.

Förderbeispiele

> *Schlittschuhlaufen*
> Die Kinder erhalten zwei Zeitungsblätter/Teppichfliesen, stellen sich jeweils mit einem Fuß darauf und bewegen sich schlittschuhlaufend vorwärts/rückwärts.

> *Reifenstraße*
> Mehrere Gymnastikreifen werden ohne Abstand hintereinander gelegt. Die Kinder hüpfen beidbeinig von Reifen zu Reifen.

> *Malen mit beiden Händen ...*
> ... mit Wachsmalstiften auf ein großes Blatt Papier (hoch, runter, kreuz und quer) zu einer schwungvollen und abwechslungsreichen Musik
> ... über die Mittellinie hinweg z. B. mit Sprechversen als rhythmische und bildliche Unterstützung: „Schaukel hin und Schaukel her, dieses Spiel gefällt mir sehr"
> ... „liegende Achten"

> *Hangeln*
> Das Kind sitzt oder kniet auf dem Rollbrett und zieht sich in dieser Position an einem Seil entlang. Die Hände greifen dabei überkreuz.
> *Variation:* Das Kind liegt in Rückenlage auf dem Rollbrett. Sein Kopf ist angehoben. Die Knie sind Richtung Brust gebeugt. In dieser Position zieht sich das Kind am Seil entlang (fußwärts).

Name: _____   Vorname: _____

Geschlecht: w ☐   m ☐   Geburtsdatum: _____

Pädagogische Fachkraft: _____   Datum/Beobachtung: _____

Aufgaben	Beobachtung	✖	Zusätzliche Beobachtung	✔
G1 Aufgabe 1 **Zauberstab verfolgen** › Augenmuskelkontrolle › Visuelle Wahrnehmung 	Das Kind verfolgt kontinuierlich den Zauberstab mit den Augen, ohne den Kopf mitzubewegen.		› Das Kind bewegt den Kopf beim Verfolgen des Zauberstabes mit. › Die Augenbewegungen werden immer wieder unterbrochen. › Die Augenbewegungen sind sprunghaft. › Das Kind zeigt assoziierte Mitbewegungen im Gesicht. Anmerkungen	

Beobachtungsbogen G1 Die Abenteuer der kleinen Hexe

Name: _____ Vorname: _____

Geschlecht: w ☐ m ☐ Geburtsdatum: _____

Pädagogische Fachkraft: _____ Datum/Beobachtung: _____

Aufgaben	Beobachtung	✖	Zusätzliche Beobachtung	✔
G1 Aufgabe 2 **Überwinden der Brücke** › Gleichgewichtsfähigkeit 	Das Kind balanciert über die gesamte Länge des Teppichstreifens, indem es einen Fuß vor den anderen setzt. Es überschreitet die Begrenzungen nicht.		› Das Kind setzt immer wieder einen Fuß neben den Teppichstreifen. › Das Kind schiebt die Füße vorwärts. › Das Kind beugt seinen Oberkörper nach vorne; der Blick ist auf die Füße gerichtet. › Das Kind macht starke Ausgleichsbewegungen, z.B. mit den Armen, und verliert seine Balance. Anmerkungen	

Name: _____   Vorname: _____

Geschlecht: w ☐   m ☐   Geburtsdatum: _____

Pädagogische Fachkraft: _____   Datum/Beobachtung: _____

Aufgaben	Beobachtung	✘	Zusätzliche Beobachtung	✔
G1 Aufgabe 3 **Richtung unterschiedlicher Klänge erkennen** › Auditive Wahrnehmung › Richtungshören 	Das Kind zeigt mit geschlossenen Augen in die Richtung, aus der die jeweiligen Geräusche kommen.		› Das Kind lässt sich nicht gerne oder gar nicht die Augen verbinden. › Das Kind zeigt erst nach einigem Zögern in die Richtung, aus der das Geräusch kommt. › Das Kind reagiert unterschiedlich, je nach Nähe der Geräuschquelle zum rechten bzw. linken Ohr. › Das Kind erkennt keine Richtung, aus der die Geräusche kommen. › Das Kind zeigt nicht präzise in die Richtung, aus der das Geräusch kommt. _____ Anmerkungen	

Name: _____   Vorname: _____

Geschlecht: w ☐   m ☐   Geburtsdatum: _____

Pädagogische Fachkraft: _____   Datum/Beobachtung: _____

Aufgaben	Beobachtung	✖	Zusätzliche Beobachtung	✔
G1 Aufgabe 4 **Den Drachen mit Futter besänftigen** › Taktile Wahrnehmung 	Das Kind fasst mit beiden Händen in die Tastbox und findet nacheinander die entsprechenden Stoffpaare.		› Das Kind greift zögernd oder gar nicht in die Tastbox. › Es exploriert (erkundet) mit einer Hand. › Das Kind sucht planlos/ziellos die Stoffstücke. › Das Kind benötigt viel Zeit. › Das Kind handelt nach Versuch und Irrtum. ⎯⎯⎯⎯⎯⎯⎯⎯⎯⎯⎯⎯⎯ Anmerkungen	

Beobachtungsbogen G1   Die Abenteuer der kleinen Hexe

Name: _____   Vorname: _____

Geschlecht: w ☐ m ☐   Geburtsdatum: _____

Pädagogische Fachkraft: _____   Datum/Beobachtung: _____

Aufgaben	Beobachtung	✖	Zusätzliche Beobachtung	✔
G1 Aufgabe 5 **Testflug auf dem Rollbrett** › Kinästhetische Wahrnehmung › Körperschema › Körperkoordination 	Das Kind legt sich in Bauchlage auf das Rollbrett. Anschließend hebt es Kopf, Arme und Beine hoch, so dass eine Bogenspannung des Körpers erkennbar ist. Diese Position hält es 10 Sekunden (der Kopf sollte nicht in eine Überstreckung (Reklination) gebracht werden).		› Das Kind findet keine angemessene Ausgangsposition auf dem Rollbrett. › Das Kind zeigt Gleichgewichtsverunsicherungen auf dem Rollbrett. › Das Kind hält den Kopf nicht in Verlängerung des Rumpfes. › Das Kind stützt sich mit den Händen am Boden ab. › Das Kind legt seine Füße auf den Boden. › Das Kind hält die Körperspannung nicht 10 Sekunden. › Das Kind winkelt die Beine an. _____ Anmerkungen	

Name: _____   Vorname: _____

Geschlecht: w ☐   m ☐   Geburtsdatum: _____

Pädagogische Fachkraft: _____   Datum/Beobachtung: _____

Aufgaben	Beobachtung	✖	Zusätzliche Beobachtung	✔
G1 Aufgabe 6 **Zauberkugel fangen** › Auge-Hand-Koordination › Bilateralkoordination 	Das Kind steht in einer stabilen Ausgangsposition. Es fixiert den Ball mit den Augen und fängt diesen mit beiden Händen mindestens zweimal (bei 4-jährigen Kindern genügt ein Körperfangens, ab dem 5. Lebensjahr fängt das Kind den Ball, ohne dass dieser den Körper berührt.		› Das Kind findet keine stabile Ausgangsposition. › Das Kind fixiert den Ball nicht mit den Augen. › Die Arme sind beim Fangen asymmetrisch vor dem Körper. › Das Kind verliert beim Fangen die Balance. › Das Kind hält die Hände als Schutz vor das Gesicht. › Das Kind fängt den Ball nicht. Anmerkungen	

Name: _____   Vorname: _____

Geschlecht: w ☐ m ☐   Geburtsdatum: _____

Pädagogische Fachkraft: _____   Datum/Beobachtung: _____

Aufgaben	Beobachtung	✖	Zusätzliche Beobachtung	✔
G1 Aufgabe 7 **Den schlafenden Riesen überlisten** › Fußdifferenzierung › Auge-Fuß-Koordination › Gleichgewichtsfähigkeit 	Das Kind steht in einer stabilen Ausgangsposition. Es greift mit den Zehen des rechten und linken Fußes nacheinander die Murmeln und legt diese in die Schachtel/den Korb. Dabei verliert es die Murmel nicht und hält sein Gleichgewicht.		› Das Kind findet keine stabile Ausgangsposition. › Das Kind verliert die Balance und stellt immer wieder einen Fuß auf den Boden. › Die Zehen können die Murmel nicht greifen. › Das Kind verliert die Murmel auf dem Weg zum Korb. › Das Kind führt die Arme seitlich nach oben, die Hände sind gefaustet. › Das Kind hat einen erhöhten Muskeltonus. › Das Kind zeigt assoziierte Mitbewegungen im Gesicht und der Hände. Anmerkungen	

Beobachtungsbogen G1   Die Abenteuer der kleinen Hexe

Name: _____   Vorname: _____

Geschlecht: w ☐   m ☐   Geburtsdatum: _____

Pädagogische Fachkraft: _____   Datum/Beobachtung: _____

Aufgaben	Beobachtung	✖	Zusätzliche Beobachtung	✔
G1 Aufgabe 8 **Zauberformel malen** › Bilateralkoordination 	Das Kind malt mit beiden Händen gleichzeitig zwei gegenläufige Kreise. Dabei zeigen die beiden Kreise ähnliche Größe.		› Das Kind malt unterschiedliche Kreise rechts und links (z. B. groß – klein). › Das Kind korrigiert immer wieder die Stifthaltung / setzt Stifte immer wieder ab. › Das Kind zeigt assoziierte Mitbewegungen im Gesicht. Anmerkungen	

Geschichte 2
„Von Abenteuern hinter dem Zauberberg"

Habt ihr Lust, den Weg zum Zauberberg zu entdecken? Wieder werdet ihr mit dem Zauberstab verzaubert.

Ihr erhaltet einen Plan, auf dem der Weg eingezeichnet ist. Mit einem bunten Zauberstift malt ihr diesen nach *(Aufgabe 1)*.

Ihr geht los und schon liegt das erste Hindernis vor euch. Ein reißender Bach muss überquert werden. Ihr hüpft vorsichtig über die Steine, die im Bach liegen. Ringsumher schwimmen giftige Pflanzen, die ihr nicht berühren dürft *(Aufgabe 2)*.

Ein schmaler Pfad führt weiter in das Land hinter dem Zauberberg. Ihr geht diesen entlang und entdeckt, dass dieser vor einer Felswand mit wunderbaren Zeichnungen darauf endet. Den Weg geht ihr wieder zurück **(Aufgabe 3)**.

Auf dem Weg, den ihr weitergeht, wird das Gebüsch immer dichter. Wie kommt ihr weiter? Ihr macht euch ganz klein und rollt euch unter dem Gebüsch hindurch **(Aufgabe 4)**.

Nun braucht ihr eine kleine Pause. Ihr entdeckt einen Zwergenbau aus vielen Ästen und setzt euch hinein, um neue Kräfte zu sammeln. Die Oberhexe hat ein Zaubermittel, das euch viel Kraft gibt. Sie streicht es euch auf einige Körperstellen **(Aufgabe 5)**.

Die Oberhexe ist stolz auf euch. Sehr mutig habt ihr die vielen Abenteuer bewältigt. Sie möchte nun prüfen, ob ihr euch an einige Besonderheiten im Wald erinnern könnt. Auf den Bildern, die sie euch zeigt, seht ihr Zaubervögel, Fabelwesen, eine unendliche Treppe, eine Holzbrücke, eine Zeichnung an der Felswand, Giftpflanzen und den Zwergenbau **(Aufgabe 6)**.

Furchtlos geht ihr weiter auf dem Weg. Aus einiger Entfernung nehmt ihr ein Geräusch wahr, das immer näher zu euch kommt. Ihr hört, dass es eine Klapperschlange ist. Sofort bleibt ihr stehen **(Aufgabe 7)**.

Ein riesiger Baum steht in der Nähe. Mit Moosstücken, Ästen und kleinen Steinen werft ihr gegen die riesigen Blätter des Baumes, um die Klapperschlange zu vertreiben. Ihr habt es geschafft **(Aufgabe 8)**.

Der Weg mit den Abenteuern hinter dem Zauberberg ist beendet und damit auch ein weiterer Teil eurer Prüfung. Die Oberhexe entzaubert euch, indem sie euch wieder mit ihrem Zauberstab berührt.

Geschichte 2 – „Von Abenteuern hinter dem Zauberberg"

Beobachtungsmerkmale

Aufgabe 1 Weg einzeichnen › Präferenzdominanz › Visuelle Wahrnehmung › Visuomotorische Koordination	**Aufgabe 2** Einen reißenden Bach überqueren › Lateralität › Gleichgewichtsfähigkeit
Aufgabe 3 Rückwärtsgehen auf einem schmalen Pfad › Gleichgewichtsfähigkeit	**Aufgabe 4** Dichtem Gebüsch entkommen › Kinästhetische Wahrnehmung › Körperschema
Aufgabe 5 Körperstellen zeigen und/oder benennen › Taktil-kinästhetische Wahrnehmung › Körperorientierung	**Aufgabe 6** Bilder wiedererkennen › Visuelle Wahrnehmung › Visuelles Gedächtnis
Aufgabe 7 Im Dunkeln einem Geräusch folgen › Auditive Wahrnehmung › Richtungshören	**Aufgabe 8** Werfen gegen den Baum › Kinästhetische Differenzierung › Auge-Hand-Koordination › Präferenzdominanz Hand

Aufgabe 1 – Weg einzeichnen

Beobachtungsmerkmal: Präferenzdominanz
Visuelle Wahrnehmung
Visuomotorische Koordination

Begriffserklärung

Präferenzdominanz: Sie bezeichnet den überwiegend spontanen Gebrauch eines Körperteils wie Hand, Fuß, Bein, Ohr. Bezüglich der Hand ist es beispielsweise der spontane Gebrauch beim Ballwerfen und -fangen, beim Zähneputzen oder Schreiben.

Visuelle Wahrnehmung: Siehe Geschichte 1/Aufgabe 1 (S. 50)

Visuomotorische Koordination

Die visuomotorische Koordination bezeichnet die Integration von visueller Information mit motorischer Aktivität der Augen (Okulomotorik), des Körpers und der Extremitäten (z.B. Auge-Hand-Koordination). Die Visuomotorik ist auch durch die Koordination der motorischen Aktivität von Hals- und Körpermuskulatur mit dem Sehvorgang gekennzeichnet.

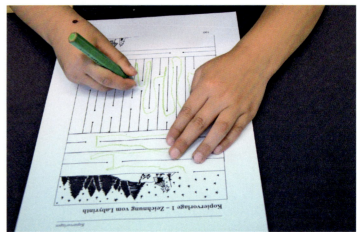

Aufgabenbeschreibung

Das Kind erhält ein Blatt Papier, auf dem ein Labyrinth aufgezeichnet ist und einen Buntstift. Es soll möglichst zügig mit dem Stift, ohne die Linien zu berühren, den Weg vom Hexenwald zum Hexenhaus zeichnen. Das Blatt soll dabei nicht gedreht werden.

Material

Kopiervorlage 1 – Zeichnung vom Labyrinth
Bleistift oder Buntstift
Tisch und Stuhl

Beobachtungshinweise

Worauf kommt es bei dieser Beobachtung an?
Das Kind hält den Stift im Dreipunktgriff und malt zügig den Weg vom Hexenwald zum Hexenhaus nach, ohne dabei die Linien zu berühren. Das Blatt wird dabei nicht gedreht.

Zusätzliche Beobachtungen
› Das Kind hält den Stift nicht im Dreipunktgriff.
› Das Kind berührt immer wieder die Linien.
› Das Kind findet nicht den Weg zum Hexenhaus.
› Das Kind wechselt vor der Körpermitte die Stifthand.
› Das Kind dreht das Blatt.
› Das Kind verändert Sitz- und vor allem Oberkörperposition.
› Das Kind führt den Stift mit festem Druck.
› Das Kind zeigt assoziierte Mitbewegungen im Gesicht.

> *Schlangenfangen*
> Die Kinder laufen durch den Raum, schlängeln ein Seil hinter sich her und versuchen, sich gegenseitig auf das Seil zu treten.

> *Jahrmarkt*
> Die Kinder erhalten einen Ball und versuchen, verschiedene auf dem Boden (oder der Langbank) aufgestellte Gegenstände zu treffen oder abzuwerfen.

> *Hausbau*
> Die Kinder stellen Spielkarten, Bierdeckel, Papprollen etc. so an- und aufeinander, dass ein stabiles Haus entsteht. Sind unterschiedliche Materialien vorhanden, können z. B. zuerst Türme aus einem Material gebaut werden, die dann mit dem anderen nachgebaut werden.

> *Regenschirm*
> Die Kinder balancieren mit einem Heulschlauch eine Softfrisbeescheibe, halten diesen wie einen Regenschirm über dem Kopf und gehen dabei durch den Raum ohne sich gegenseitig zu berühren.
> *Variation 1*: Wie oben – die Kinder begrüßen sich gegenseitig mit Handschlag, versuchen die Softfrisbeescheibe des anderen durch das Händeschütteln herunterfallen zu lassen, jedoch soll die eigene weiter balanciert werden.
> *Variation 2*: Wie oben – die Kinder begegnen sich auf einer Langbank, gehen aneinander vorbei, ohne dass die Softfrisbeescheibe dabei auf den Boden fällt.

> Sandtablett
> Auf deinem Tablett mit Sand können verschiedene Formen gemalt werden z. B.:

Aufgabe 2 — Einen reißenden Bach überqueren

Beobachtungsmerkmal: Lateralität
        Gleichgewichtsfähigkeit

Begriffserklärung
Lateralität: Sie bezeichnet zum einen die bevorzugte Verarbeitung bestimmter Prozesse in einer Großhirnhemisphäre und zum anderen den bevorzugten Gebrauch einer Körperseite oder eines Körperteils. Beispiel: die Bevorzugung der rechten Hand beim Malen, Kochen, Essen usw. Jede Körperseite wird von der gegenüberliegenden Gehirnhälfte gesteuert.

Gleichgewichtsfähigkeit: Siehe Geschichte 1/Aufgabe 2 (S. 53ff.)

Aufgabenbeschreibung
Die Teppichfliesen werden in einer geraden Reihe auf den Boden gelegt. Die Kinder hüpfen einbeinig (vierjährige Kinder beidbeinig) von Teppichfliese zu Teppichfliese. Auf der Hälfte der Strecke wird eine kleine Pause gemacht und anschließend mit dem anderen Bein weitergehüpft.

Tipp: Zwischen den jeweils vier Teppichfliesen liegt eine zusätzliche, farblich abgesetzte Fliese, die eine kurze Pause anzeigt.

Material

9 Teppichfliesen ca. 40 × 40 cm

Beobachtungshinweise

Worauf kommt es bei dieser Beobachtung an?

Das Kind hüpft ohne Unterbrechung ein- bzw. beidbeinig von Teppichfliese zu Teppichflie-se. Auf der Hälfte der Strecke macht es eine kurze Pause und hüpft mit dem anderen Bein bzw. beidbeinig weiter.

Zusätzliche Beobachtungen

› Das Kind unterbricht immer wieder das Hüpfen.
› Das Hüpfen gelingt mit dem rechten bzw. linken Bein besser.
› Das Kind setzt beim bipedalen Hüpfen die Beine zeitversetzt auf.
› Das Kind zeigt starke Ausgleichsbewegungen mit Oberkörper und Armen.
› Das Kind schafft es nicht, von Teppichfliese zu Teppichfliese zu hüpfen.
› Das Kind bricht die Aufgabe vorzeitig ab.
› Das Kind äußert über Gestik, Mimik und/oder verbal seine Anstrengung.

Förderbeispiele

› *Hüpfekästchenspiele*

Das Kind stellt sich auf das Feld ERDE. Von dort aus wirft es einen flachen Stein in das erste Feld. Trifft das Kind, darf es loshüpfen. Es hüpft Kästchen für Kästchen von der ERDE aus zum HIMMEL. Das Feld, in dem der Stein liegt, wird übersprungen.

Nach einer kurzen Ruhepause im HIMMEL, hüpft das Kind zurück zur Erde. Das Feld HÖLLE überspringt es natürlich, denn in die Hölle möchte keiner kommen. Die Kästchen der Zahlen 4 und 5 sowie 7 und 8 werden mit einem Grätschsprung zurückgelegt. Vor dem Kästchen mit dem Stein (in diesem Fall Feld 1) macht der Springer halt und hebt den Stein auf. Danach überhüpft es dieses Feld und landet in der ERDE. Nun wirft es erneut den Stein. Dieses Mal auf das Feld 2. Jetzt hüpft das Kind auf die 1, überspringt 2 usw.

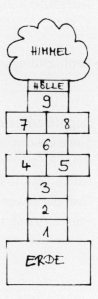

› *Reifenstraße*
– die Kinder laufen von Reifen zu Reifen
– sie setzen nur den rechten/linken Fuß in den Reifen
– sie hüpfen bipedal von Reifen zu Reifen
– sie laufen rückwärts von Reifen zu Reifen
– sie hüpfen einbeinig von Reifen zu Reifen

› *Seiltanz*

Über die gesamte Länge eines Seiles werden rechts und links leere und farbig markierte Dosen aufgestellt. Am Startpunkt befindet sich eine Kiste mit verschiedenen, ebenfalls farbig markierten Gegenständen. Das Kind nimmt einen Gegenstand heraus, balanciert damit bis zu der entsprechend farbig markierten Dose und legt den Gegenstand hinein.

› *Stopp-Fahrt*

Das Kind liegt bäuchlings auf dem Rollbrett und stößt sich mit beiden Füßen von der Wand ab. Die Fahrt stoppt es mit beiden Händen an einer aufgestellten Weichbodenmatte.

Aufgabe 3 – Rückwärtsgehen auf einem schmalen Pfad

Beobachtungsmerkmal: Gleichgewichtsfähigkeit

Begriffserklärung
Siehe Geschichte 1/Aufgabe 2 (S. 53ff.)
Beim Balancieren rückwärts ist das Zusammenspiel der vestibulären und taktil-kinästhe-tische Wahrnehmung in besonderem Maße gefordert, da die direkte visuelle Kontrolle über die Bewegungsrichtung fehlt. Insofern ist beim Balancieren rückwärts immer auch die Raumorientierung als koordinative Grundfähigkeit gefragt.

Aufgabenbeschreibung

Das Kind balanciert rückwärts über einen 10 cm breiten und 2 Meter langen Teppichstreifen.

Material

Teppichstreifen (10 cm breit, 2 Meter lang)

Beobachtungshinweise

Worauf kommt es bei dieser Beobachtung an?

Das Kind balanciert rückwärts über die gesamte Strecke, indem es einen Fuß hinter den anderen setzt. Der Oberkörper ist dabei aufgerichtet.

Zusätzliche Beobachtungen

› Das Kind setzt immer wieder einen Fuß neben den Teppichstreifen auf den Boden.
› Das Kind schiebt die Füße rückwärts.
› Das Kind macht starke Ausgleichbewegungen, z. B. mit den Armen, und verliert seine Balance.
› Die Hände sind gefaustet.
› Das Kind schaut immer wieder nach hinten.

Förderbeispiele

› *Rodeo*
Bälle oder Rollbretter liegen unter einer Weichbodenmatte. Die Kinder knien gleichmäßig verteilt um die Matte herum. Kind A steht auf der Mitte der Matte. Langsam beginnen die Kinder, die Matte zu bewegen, während Kind A versucht im Stand zu bleiben.
Variation: Wie oben, Kind A sitzt in der Mitte der Matte und versucht aufzustehen.

› *Zwerg und Riese*
Aus allen vorhandenen Matten wird ein Mattenberg gebaut. Die Kinder spielen Zwerge und verstecken sich vor einem Riesen, den ein Erwachsener darstellt, in den Zwischenräumen der aufeinandergelegten Matten. Auf ein Signal laufen, krabbeln, kriechen die Kinder über den Berg.

› *Hochwasser*
Im Raum sind mehrere Turnbänke aufgebaut. Die Kinder laufen durch den Raum. Auf das Stichwort Hochwasser retten sich die Kinder so schnell wie möglich auf eine Bank. Wenn das Wasser wieder gesunken ist laufen sie an das Bankende, springen ab und das Spiel beginnt von Neuem.

› *Brückenbau*
Jedes Kind erhält zwei Softfrisbeescheiben. Wie kann man eine festgelegte Strecke überwinden?
 – Seitliches Umsetzen: Das Kind steht mit beiden Füßen auf einer Scheibe, greift mit beiden Händen die andere Scheibe und legt diese seitlich neben sich – solange, bis es die Strecke überwunden hat. Die Richtung des seitlichen Umsetzens kann das Kind selber bestimmen. Bei seinem Rückweg wechselt es die Richtung.
 – Weg legen: Das Kind steht mit beiden Füßen auf einer Softfrisbeescheibe, in der Hand hält es seine zweite. Diese legt/wirft es so weit vor sich, dass es mit einem Schritt auf diese treten/springen kann. Die andere hebt es auf; dabei darf die Scheibe, auf der es steht, nicht verlassen werden.

› *Kleine Kämpfe*
Die Kinder führen in unterschiedlichen Positionen kleine Kämpfchen aus. Sie beginnen sitzend, Rücken an Rücken, sich gegenseitig wegzuschieben bis hin zur aufrechten Position. In dieser haben die Kinder die Arme vor der Brust verschränkt und versuchen, sich auf einem Bein stehend gegenseitig wegzuschieben.

Aufgabe 4 — Dichtem Gebüsch entkommen

Beobachtungsmerkmale: Kinästhetische Wahrnehmung
                        Körperschema

Begriffserklärung
Kinästhetische Wahrnehmung: Siehe Geschichte 1/Aufgabe 5 (S. 62ff.)
Körperschema: Siehe Geschichte 1/Aufgabe 5 (S. 62ff.)

Aufgabenbeschreibung

Das Kind legt sich in Rückenlage flach auf den Boden und soll sich aus dieser Haltung heraus so klein wie möglich zusammenrollen. Die Hände liegen dabei überkreuzt auf Brust oder Schultern, zur Stabilisierung dieser Position können die Hände auch um die Knie gefasst werden.

Material

Ohne

Beobachtungshinweise

Worauf kommt es bei dieser Beobachtung an?

Das Kind kann sich aus der Rückenlage heraus so klein wie möglich zusammenrollen, es überkreuzt die Hände auf Brust oder Schultern und kann die Position ca. 10 Sekunden halten.

Zusätzliche Beobachtungen

> Das Kind löst sich nur unvollständig vom Boden (entweder Kopf oder Beine).
> Das Kind ahmt (auch nach Demonstration) die Position nicht nach.
> Das Kind hält die Spannung nicht 10 Sekunden.
> Das Kind verliert in der zusammengerollten Position das Gleichgewicht, indem es zu einer Seite kippt.

Praktischer Tipp

Zur Überprüfung der Körperspannung in der zusammengerollten Position kann der Durchführende leichten Druck auf Stirn und Knie ausüben.

› *Big Mac*
Die Kinder legen sich zwischen zwei Weichbodenmatten/Matratzen, dass nur noch
der Kopf und die Arme zu sehen sind. Eine weitere Person wälzt sich so über die Matte,
dass der Druck von den liegenden Kindern deutlich zu spüren ist.

› *Rückenwiegen*
Drei bis vier Kinder knien in Bankstellung ganz dicht nebeneinander auf einer Matte.
Ein weiteres Kind legt sich in Bauch- oder Rückenlage so über die Rücken der anderen,
dass eine bequeme Liegeposition erreicht wird und es ganz sanft hin- und her bewegt
wird.

› *Seilfähre*
Die Kinder liegen mit dem Rücken auf dem Rollbrett und ziehen sich an einem über
dem Kopf gespannten Seil entlang. Sie sammeln dabei Gegenstände ein, die an dem
Seil aufgehängt sind.

› *Reifenhaus*
Das Kind klettert in ein Reifenhaus und wieder hinaus, ohne dass dieses umfällt.
Das Reifenhaus besteht aus sechs Gymnastikreifen. Dazu werden in einen am Boden
liegenden Reifen zwei weitere so gestellt, dass sie oben aneinander lehnen. Von den
freien Seiten werden zwei Reifen dagegen gelehnt. Ein letzter stabilisiert das Haus von
oben.

› *Mattenschaukeln*
Das Kind liegt barfuß in Rückenlage in einer Hängematte oder einer Mattenschaukel.
Es erhält einen Filzstift und versucht durch schnelles Anheben von Armen und Beinen
auf jeden Zehennagel einen Punkt zu malen.

Aufgabe 5 – Körperstellen zeigen und/oder benennen

Beobachtungsmerkmale: Taktil-kinästhetische Wahrnehmung
Körperorientierung

Begriffserklärung
Das taktile und kinästhetische Wahrnehmungssystem arbeiten eng zusammen. Das taktile System stellt die Oberflächensensibilität dar und leitet Reize weiter, die durch Druck, Berührung, Schmerzempfindung oder einen Temperaturwechsel ausgelöst werden. Die kinästhetische Wahrnehmung hingegen ist für die Wahrnehmung tiefer liegender Strukturen verantwortlich, also für die Empfindung in Muskeln und Gelenken. Eine Mischung aus

beiden, also eine taktil-kinästhetische Wahrnehmung ist für das Erlernen der Umwelt im Kindesalter erforderlich.

Über das Zusammenspiel erhält das Kind beispielsweise Informationen über die Lage und die Bewegungsabläufe des Körpers, seiner Extremitäten und der Mundwerkzeuge (Lippen, Zunge, Kiefer, Rachenraum, Kehlkopf). Beim Erlernen von Buchstaben ist dies eine elementare Voraussetzung für die Fähigkeit, schriftliche Symbole in Form motorischer Handlungsabläufe aus dem Gedächtnis abzurufen.

Mit dem Begriff der **Körperorientierung** wird „die Schnittmenge" der Wahrnehmungsleistungen aus taktiler und kinästhetischer Wahrnehmung wiedergegeben und bezeichnet nach Bielefeld (1991) die Orientierung am und im eigenen Körper.

Aufgabenbeschreibung

Das Kind sitzt auf dem Boden und hat die Augen geschlossen. Die Testperson berührt das Kind mit einem Zauberstab an unterschiedlichen Körperstellen. Der Impuls ist eindeutig. Das Kind zeigt und/oder benennt diese Körperstellen.

Material

Zauberstab

Beobachtungshinweise

Worauf kommt es bei dieser Beobachtung an?

Das Kind zeigt und /oder benennt alle Berührungen an unterschiedlichen Körperstellen.

Zusätzliche Beobachtungen

› Das Kind führt die Aufgabe nur mit geöffneten Augen durch.
› Dem Kind fällt das Zeigen/Benennen auf einer Körperseite leichter als auf der anderen.
› Das Kind zeigt/benennt die berührte Körperstelle nicht präzise.
› Das Kind lehnt die Körperberührungen ab.

Förderbeispiele

› *Kuchenbacken*
Die Kinder imitieren mit ihren Händen das Kuchenbacken auf dem Rücken eines Kindes, das auf einer Matte/Decke liegt. Der Verlauf des Kuchenbackens wird vom Übungsleiter verbal begleitet. Ideen der Kinder können in jedem Fall mit einfließen.
Variation: Pizzabacken

› *Roboter ist krank*
Ein auf dem Boden liegendes Kind benennt oder zeigt verschiedene Körperteile, die ihm „weh tun". Das „kranke" Körperteil wird mit verschiedenen Gegenständen wie Schwämmen, Bürsten, Igelbällen o. ä. behandelt. Anschließend steht das Kind auf und malt das behandelte Körperteil auf ein vorbereitetes Roboterbild.

› *Rollband*
Mehrere Kinder liegen dicht nebeneinander bäuchlings auf dem Boden. Sie rollen sich langsam in eine Richtung. Ein weiteres Kind legt sich über die Körper der rollenden Kinder und wird so weitertransportiert. Am Ende angelangt, legt sich das Kind neben die anderen und das nächste wird vom Rollband transportiert.

› *Autostraße*
Die Kinder liegen mit geschlossenen Augen nebeneinander auf dem Boden. Sie bilden mit ihren Körpern eine „Straße", über die ein „Auto" (Gymnastikball) rollt. Die Kinder spüren, wann die Berührung beginnt und wann sie endet. Je nach Zustand der Straße kann es holprig werden. Dabei werden die Kinder mit dem Gymnastikball abgeklopft.

Aufgabe 6 — Bilder wiedererkennen

Beobachtungsmerkmal: Visuelle Wahrnehmung
                         Visuelles Gedächtnis

Begriffserklärung

Visuelle Wahrnehmung: Siehe Geschichte 1/Aufgabe 1 (S. 50 ff.)

Visuelles Gedächtnis: Das visuelle Gedächtnis bezeichnet die Fähigkeit, optische Eindrücke wie z. B. Gesichter, Bilder, Buchstaben wahrnehmen, verarbeiten und nach einer bestimmten Zeit abrufen zu können.

Aufgabenbeschreibung

Sechs Bilder werden in einer Reihe auf den Boden gelegt. In einem Abstand von fünf Metern werden die dazu passenden Bilder gegenüber auf den Boden verteilt. Die Reihenfolge der Bilder entspricht dabei nicht der auf der gegenüberliegenden Seite. Dem Kind wird ein Bild gezeigt, das es auf der gegenüberliegenden Seite herausfinden soll. Alle sechs Bildpaare sollen herausgefunden werden.

Material

Kopiervorlage 2 – Bilderpaare
Rollbrett

Worauf kommt es bei dieser Beobachtung an?
Das Kind findet alle sechs Bildpaare heraus.

Beobachtungen
› Das Kind findet nicht alle Bildpaare heraus.
› Das Kind kann sich das Bild nicht über die Distanz von fünf Metern merken.
› Das Kind handelt nach Versuch und Irrtum.

Praktischer Tipp

Diese Aufgabe erfordert viel Zeit und somit Ausdauer und Konzentration von den Kindern. Aktive Bewegungsspiele vor dieser Aufgabe sind sinnvoll!

› *Zoobesuch*
Den Kindern werden nach und nach Abbildungen mit Tieren gezeigt. Im Raum sind diese Tiere als Kuscheltiere, Gummi-/Plastik-/Holztiere versteckt, die wiedererkannt werden müssen.
Variation: Diese Tiere können auch innerhalb einer Bewegungslandschaft versteckt werden, um die Bewegungsaktivität zu erhöhen.

› *Fotograf und Kamera*
Die Kinder gehen paarweise zusammen. Kind A ist die Kamera, Kind B der Fotograf. Kind A hat die Augen geschlossen und wird von Kind B an verschiedene Orte und vor verschiedene Gegenstände im Raum geführt. Kind B richtet das Gesicht von Kind A auf einen bestimmten Punkt. Ein leichter Druck auf die Schulter signalisiert Kind A, die Augen zu öffnen. Kurz wird der bestimmte Gegenstand wahrgenommen und nach drei bis fünf Gegenständen nennt Kind A Kind B, welche Bilder aufgenommen wurden.

› *Formen nachlegen*
Die Kinder schließen sich paarweise zusammen. Jedes hat ein Seil. Kind A legt mit dem Seil eine bestimmte Form, die Kind B sich anschaut und anschließend nachlegt.
Variation: mit geschlossenen Augen die Form ertasten und nachlegen.

› *Ertasten*
Das Kind rollt sich in Bauchlage über einen großen Gymnastikball. Hinter diesem sind auf dem Boden verschiedene Materialien verteilt, die das Kind beim Abrollen ertastet und benennt.

Aufgabe 7 – Im Dunkeln einem Geräusch folgen

Beobachtungsmerkmal: Auditive Wahrnehmung
                                        Richtungshören

Begriffserklärung
Siehe Geschichte 1/Aufgabe 3 (S. 56ff.)

Aufgabenbeschreibung
Die Kinder erhalten eine Augenbinde und verschließen ihre Augen. Mit einer Kastagnette oder einem Klangholz wird aus ca. drei Metern Entfernung ein Geräusch erzeugt. Es sollte kontinuierlich wiederholt werden. Die Kinder gehen einzeln und nacheinander in die Richtung des Geräusches und bleiben kurz vor der Geräuschquelle stehen.

Material

› Augenbinden
› Kastagnette, Klangholz o. ä.

Beobachtungshinweise

Worauf kommt es bei dieser Beobachtung an?
Das Kind ortet das Geräusch eindeutig und bewegt sich kontinuierlich auf direktem Weg zur Geräuschquelle

Zusätzliche Beobachtungen
› Das Kind verbindet sich nicht die Augen
› Das Kind zeigt beim Gehen starke Ausgleichsbewegungen mit Armen / Händen.
› Das Kind unterbricht immer wieder den Weg zur Geräuschquelle.
› Das Kind ortet die Geräuschquelle nicht.

Praktischer Tipp

› Daran denken, dass die Brillenträger ihre Brillen wieder aufsetzen!
› Bei schlechter Akustik des Raumes bzw. größerer Lärmbelästigung von draußen ist eine Anpassung der Lautstärke des Geräusches erforderlich.

Förderbeispiele

> *Geräuscheraten*
> Den Kindern werden verschiedene Geräusche und Klänge vorgemacht, die sie erkennen müssen. Geeignet sind z. B. Geräusche aus dem Alltag wie Besteckgeklapper, Papierzerknüllen, Reis/Linsen/Erbsen in Schüssel schütten, Wasser in ein Glas gießen.

> *Heulbojenspiel*
> Die Gruppe wird in zwei Hälften aufgeteilt: Während die eine *(Schiffe)* sich am Spielfeldrand aufstellt, verteilt sich die zweite *(Heulbojen)* über das Spielfeld. Nun versuchen die *Schiffe* mit geschlossenen Augen zur anderen Spielfeldseite *(Hafen)* zu gelangen, ohne die *Heulbojen* zu berühren. Diese geben ihren Standort durch akustische Zeichen (Heulen, Tuten, Piepen etc.) zu erkennen. Die *Heulbojen* schalten sich aus, wenn alle *Schiffe* den *Hafen* erreicht haben.

> *Rattenfänger*
> Die Kinder stehen mit geschlossenen Augen in einer Ecke des Raumes. Der Erwachsene kommt als Rattenfänger mit einer Flöte und spielt. Die Kinder folgen ihm durch den Raum.

> *Wo ist das Geräusch?*
> Kind A liegt mit verbundenen Augen auf dem Rollbrett. Zwei Kinder, die in einem Abstand voneinander sitzen, erzeugen unterschiedliche Geräusche. Kind A fährt mit dem Rollbrett zuerst zu dem einen, dann zu dem anderen Kind.

Aufgabe 8 — Werfen gegen den Baum

Beobachtungsmerkmale: Kinästhetische Differenzierung
Auge-Hand-Koordination
Präferenzdominanz

Begriffserklärung

Kinästhetische Differenzierung: Um Bewegungen sicher, ökonomisch und adäquat dosieren zu können, ist eine Feinabstimmung des gesamten Bewegungsablaufs notwendig. Eine angemessene Beurteilung der Bewegungsqualität wird als kinästhetische Differenzierung bezeichnet.

Auge-Hand-Koordination: Die kinästhetische Differenzierung hat Einfluss auf die Auge-Hand-Koordination und steuert die entsprechenden Bewegungen. Weitere Beschreibungen zur *Auge-Hand-Koordination* siehe Geschichte1/Aufgabe 6 und Geschichte 2/Aufgabe 1.

Präferenzdominanz: Siehe Geschichte 2 / Aufgabe 1 (S. 86 ff.)

Aufgabenbeschreibung

Fünf verschieden schwere Sandsäckchen liegen bereit, die das Kind nacheinander gegen eine Pyramide aus 10 Blechdosen werfen soll. Diese werden ca. einen Meter über dem Boden aufgebaut. Das Kind wirft immer wieder auf die neu aufgebaute Pyramide. Der Abstand beträgt drei Meter.

Material

10 Blechdosen
fünf Sandsäckchen, verschieden schwer
Kasten oder Tisch, auf dem die Dosen aufgebaut werden

Beobachtungshinweise

Worauf kommt es bei dieser Beobachtung an?
Das Kind nimmt ein Sandsäckchen in eine Hand und wirft es in einer von ihm ausgewählten Bewegungsausführung gegen die Dosen (z. B. Wurfbewegung von unten, Schlagwurfbewegung). Dabei wirft es immer mit derselben Hand.

Zusätzliche Beobachtungen
› Das Kind wirft das Sandsäckchen nicht über die Distanz.
› Das Kind trifft die Dosen nicht.
› Das Kind wechselt immer wieder die Wurfhand.
› Das Kind verliert beim Werfen die Balance.
› Das Kind fixiert das Ziel nicht mit den Augen.

Praktischer Tipp

› Günstig für den Durchführenden ist es, wenn sich hinter dem Dosenaufbau eine Wand oder ein gespanntes Tuch befindet, damit der Zeitaufwand des Bälleholens oder des Dosenaufbaus nicht zu hoch ist.

Förderbeispiele

> *Wilhelm Tell*
> Die Kinder stehen im Kreis und erhalten eine Softfrisbeescheibe. In der Mitte des Krei-
> ses steht ein Kind, auf dessen Kopf eine Frisbeescheibe liegt. Die umstehenden Kinder
> versuchen, diese abzutreffen. Wer getroffen hat, ist der neue Wilhelm Tell.

> *Kegelbahn*
> Die Kinder versuchen aufgestellte Kegel (Keulen) aus einiger Entfernung mit einem
> rollenden Ball abzutreffen.

> *Hockeyspielen*
> Die Kinder schießen oder führen einen Puck/Ball ...
> ... mit dem Hockeyschläger durch einen Tunnel
> ... durch eine Straße aus Gymnastikkegeln
> ... im Slalom um Pylone herum.

> *Tor treffen*
> Die Kinder erhalten nacheinander verschieden schwere und große Bälle (z. B. Medizin-
> ball, Softball, Tennisball) und rollen diese in ein Tor. Dabei passen sie Kraft und Bewe-
> gung dem jeweiligen Ball an.
> *Variation*: Die Kinder transportieren verschiedene Bälle rollend über einen Parcours.

Name: _____   Vorname: _____

Geschlecht: w ☐ m ☐   Geburtsdatum: _____

Pädagogische Fachkraft: _____   Datum/Beobachtung: _____

Aufgaben	Beobachtung	✘	Zusätzliche Beobachtung	✔
G2 Aufgabe 1 **Weg einzeichnen** › Präferenzdominanz › Visuelle Wahrnehmung › Visuomotorische Koordination 	Das Kind hält den Stift im Dreipunktgriff und malt zügig den Weg vom Hexenwald zum Hexenhaus nach, ohne dabei die Linien zu berühren. Das Blatt wird dabei nicht gedreht.		› Das Kind hält den Stift nicht im Dreipunktgriff. › Das Kind berührt immer wieder die Linien. › Das Kind findet nicht den Weg zum Hexenhaus. › Das Kind wechselt vor der Körpermitte die Stifthand. › Das Kind dreht das Blatt. › Das Kind verändert Sitz- und vor allem Oberkörperposition. › Das Kind führt den Stift mit festem Druck. › Das Kind zeigt assoziierte Mitbewegungen im Gesicht. Anmerkungen	

Name: _____   Vorname: _____

Geschlecht: w ☐   m ☐   Geburtsdatum: _____

Pädagogische Fachkraft: _____   Datum/Beobachtung: _____

Aufgaben	Beobachtung	✖	Zusätzliche Beobachtung	✔
G2 Aufgabe 2 **Einen reißenden Bach überqueren** › Lateralität › Gleichgewichtsfähigkeit 	Das Kind hüpft ohne Unterbrechung ein- bzw. beidbeinig von Teppichfliese zu Teppichfliese. Auf der Hälfte der Strecke macht es eine kurze Pause und hüpft mit dem anderen Bein bzw. beidbeinig weiter.		› Das Kind unterbricht immer wieder das Hüpfen. › Das Hüpfen gelingt mit dem rechten bzw. linken Bein besser. › Das Kind setzt beim bipedalen Hüpfen die Beine zeitversetzt auf. › Das Kind zeigt starke Ausgleichsbewegungen mit Oberkörper und Armen. › Das Kind schafft es nicht, von Teppichfliese zu Teppichfliese zu hüpfen. › Das Kind bricht die Aufgabe vorzeitig ab. › Das Kind äußert über Gestik, Mimik und/oder verbal seine Anstrengung. _____ Anmerkungen	

Beobachtungsbogen G2   Die Abenteuer der kleinen Hexe

Name: _____   Vorname: _____

Geschlecht: w ☐ m ☐   Geburtsdatum: _____

Pädagogische Fachkraft: _____   Datum/Beobachtung: _____

Aufgaben	Beobachtung	✘	Zusätzliche Beobachtung	✔
G2 Aufgabe 3 **Rückwärtsgehen auf einem schmalen Pfad** › Gleichgewichtsfähigkeit 	Das Kind balanciert rückwärts über die gesamte Strecke, indem es einen Fuß hinter den anderen setzt. Der Oberkörper ist dabei aufgerichtet.		› Das Kind setzt immer wieder einen Fuß neben den Teppichstreifen auf den Boden. › Das Kind schiebt die Füße rückwärts. › Das Kind macht starke Ausgleichsbewegungen, z.B. mit den Armen, und verliert seine Balance. › Die Hände sind gefaustet. › Das Kind schaut immer wieder nach hinten. Anmerkungen	

Beobachtungsbogen G2   Die Abenteuer der kleinen Hexe

Name: _____   Vorname: _____

Geschlecht: w ☐   m ☐   Geburtsdatum: _____

Pädagogische Fachkraft: _____   Datum/Beobachtung: _____

Aufgaben	Beobachtung	✖	Zusätzliche Beobachtung	✔
G2 Aufgabe 4 **Dichtem Gebüsch entkommen** › Kinästhetische Wahrnehmung › Körperschema 	Das Kind kann sich aus der Rückenlage heraus so klein wie möglich zusammenrollen, es überkreuzt die Hände auf Brust oder Schultern und kann die Position ca. 10 Sekunden halten.		› Das Kind löst sich nur unvollständig vom Boden (entweder Kopf oder Beine). › Das Kind ahmt (auch nach Demonstration) die Position nicht nach. › Das Kind hält die Spannung nicht 10 Sekunden. › Das Kind verliert in der zusammengerollten Position das Gleichgewicht, indem es zu einer Seite kippt. Anmerkungen	

Name: _____   Vorname: _____

Geschlecht: w ☐   m ☐   Geburtsdatum: _____

Pädagogische Fachkraft: _____   Datum/Beobachtung: _____

Aufgaben	Beobachtung	✖	Zusätzliche Beobachtung	✔
G2 Aufgabe 5 **Körperstellen zeigen und/oder benennen** › Taktil-kinästhetische Wahrnehmung › Körperorientierung 	Das Kind zeigt und / oder benennt alle Berührungen an unterschiedlichen Körperstellen.		› Das Kind führt die Aufgabe nur mit geöffneten Augen durch. › Dem Kind fällt das Zeigen/Benennen auf einer Körperseite leichter als auf der anderen. › Das Kind zeigt/benennt die berührte Körperstelle nicht präzise. › Das Kind lehnt die Körperberührungen ab. Anmerkungen	

Name: _____   Vorname: _____

Geschlecht: w ☐ m ☐   Geburtsdatum: _____

Pädagogische Fachkraft: _____   Datum/Beobachtung: _____

Aufgaben	Beobachtung	✖	Zusätzliche Beobachtung	✔
G2 Aufgabe 6 **Bilder wiedererkennen** › Visuelle Wahrnehmung › Visuelles Gedächtnis 	Das Kind findet alle sechs Bildpaare heraus.		› Das Kind findet nicht alle Bildpaare heraus. › Das Kind kann sich das Bild nicht über die Distanz von fünf Metern merken. › Das Kind handelt nach Versuch und Irrtum. Anmerkungen	

Name: _____   Vorname: _____

Geschlecht: w ☐   m ☐   Geburtsdatum: _____

Pädagogische Fachkraft: _____   Datum/Beobachtung: _____

Aufgaben	Beobachtung	✖	Zusätzliche Beobachtung	✔
G2 Aufgabe 7 **Im Dunkeln einem Geräusch folgen** › Auditive Wahrnehmung › Richtungshören 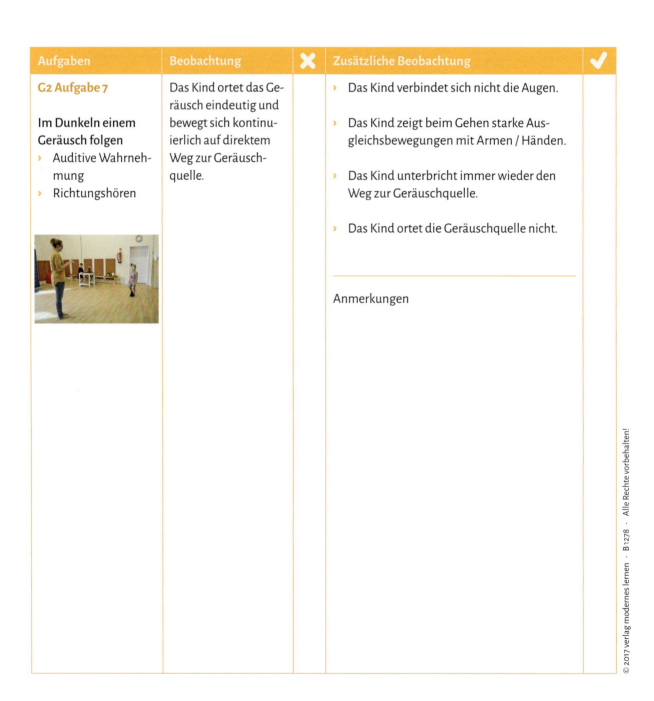	Das Kind ortet das Geräusch eindeutig und bewegt sich kontinuierlich auf direktem Weg zur Geräuschquelle.		› Das Kind verbindet sich nicht die Augen. › Das Kind zeigt beim Gehen starke Ausgleichsbewegungen mit Armen / Händen. › Das Kind unterbricht immer wieder den Weg zur Geräuschquelle. › Das Kind ortet die Geräuschquelle nicht. Anmerkungen	

Name: _____   Vorname: _____

Geschlecht: w ☐ m ☐   Geburtsdatum: _____

Pädagogische Fachkraft: _____   Datum/Beobachtung: _____

Aufgaben	Beobachtung	✖	Zusätzliche Beobachtung	✔
G2 Aufgabe 8 **Werfen gegen den Baum** › Kinästhetische Differenzierung › Auge-Hand-Koordination › Präferenzdominanz 	Das Kind nimmt ein Sandsäckchen in eine Hand und wirft es in einer von ihm ausgewählten Bewegungsausführung gegen die Dosen (z. B. Wurfbewegung von unten, Schlagwurfbewegung). Dabei wirft es immer mit derselben Hand.		› Das Kind wirft das Sandsäckchen nicht über die Distanz. › Das Kind trifft die Dosen nicht. › Das Kind wechselt immer wieder die Wurfhand. › Das Kind verliert beim Werfen die Balance. › Das Kind fixiert das Ziel nicht mit den Augen. ─────────────── Anmerkungen	

Geschichte 3
„Hexenkraft und Zaubertrank"

Geschichte 3 – „Hexenkraft und Zaubertrank"

Es ist soweit: der letzte Teil eurer Prüfung ist gekommen! Wieder werdet ihr von der Oberhexe mit ihrem Zauberstab verzaubert. Ihr macht euch auf die Suche nach dem Zaubertrank, der euch zu großer Hexenkraft verhelfen wird.

Zuerst müsst ihr die Goldtaler sortieren und einige davon in eure Tasche stecken. Mit diesen Talern könnt ihr den Zaubertrank, der bei einer alten Hexe in einer Höhle am Ende des Waldes zu finden ist, bezahlen (**Aufgabe 1**).

Auf dem Weg dorthin findet ihr eine große Zahl von Edelsteinen. Mit euren Händen greift ihr danach und sucht den größten und schwersten Edelstein heraus (**Aufgabe 2**).

Nun ist es nicht mehr weit, bis ihr am Ziel eurer Reise angekommen seid. Eine schwierige Prüfungsaufgabe malt euch die Oberhexe vor die Füße. Ein sonderbares Zeichen müsst ihr mit den Zehen nachmalen. Könnt ihr euer Gleichgewicht halten? Das ist wichtig, um auf einem Hexenbesen fliegen zu können (**Aufgabe 3**).

Voller Freude, dass ihr auch diese Aufgabe bewältigt habt, macht ihr viele Zaubersprünge in die Luft (**Aufgabe 4**).

Schnell geht es weiter. Und da sitzt sie: die alte Hexe vor einem dicken Stein. Ein Geschenk für die Alte liegt auch schon bereit. Ihr müsst es nur noch fertigstellen. Die Oberhexe gibt euch zwei Zeichnungen, bei denen der Zauberwald abgebildet ist. Auf der einen Zeichnung fehlen wichtige Dinge. Diese müsst ihr ergänzen (**Aufgabe 5**).

Voller Erwartung steht ihr vor der alten Hexe, um den Zaubertrank zu erhalten. Sie begrüßt euch und legt jedem von euch Steine mit verschiedenen Formen in die Hand, die ihr ertasten müsst. Diese Formen, die an die Höhlenwände gemalt wurden, müsst ihr dort wiedererkennen. Nach dieser Aufgabe dürft ihr weiter in die Höhle gehen (**Aufgabe 6**).

Auf einem Stein seht ihr die kleine, blauschimmernde Flasche stehen. Schnell überreicht ihr der alten Hexe die Zeichnung des Zauberwaldes und bezahlt mit euren Goldtalern. Sie greift nach der Glasflasche und überreicht sie euch. Sofort probiert ihr aus, wie die Zauberkraft wirkt. Mit eurem Körper könnt ihr jede Figur nachmachen, die euch die Oberhexe vormacht (**Aufgabe 7**).

Nun ist eure Reise beendet und euer Ziel erreicht. Ihr steigt durch einen Zauberreifen und seid entzaubert (**Aufgabe 8**).

Nach den schwierigen Aufgaben, die ihr alle mutig bewältigt habt, erhält jeder von euch von der Oberhexe ein Hexendiplom!

Geschichte 3 – „Hexenkraft und Zaubertrank"

Beobachtungsmerkmale

Aufgabe 1 Goldtaler sortieren › Präferenzdominanz Hand	**Aufgabe 2** Größten und schwersten Edelstein finden › Taktil-kinästhetische Wahrnehmung
Aufgabe 3 Eine Zauberformel nachzeichnen › Auge-Fuß-Koordination › Gleichgewichtsfähigkeit › Präferenzdominanz Fuß	**Aufgabe 4** Zaubersprung › Körperkoordination › Kinästhetische Wahrnehmung › Gleichgewichtsfähigkeit
Aufgabe 5 Zeichnung vom Zauberwald ergänzen › Visuelle Wahrnehmung › Visuelle Figur-Grund-Wahrnehmung	**Aufgabe 6** Formen ertasten und wiedererkennen › Taktil-kinästhetische Wahrnehmung
Aufgabe 7 Figuren nachmachen › Körperschema › Kinästhetische Wahrnehmung	**Aufgabe 8** Durch einen Zauberreifen steigen › Körperschema › Körperkoordination › Beweglichkeit

Aufgabe 1 – Goldtaler sortieren

Beobachtungsmerkmale: Präferenzdominanz Hand

Begriffserklärung
Präferenzdominanz: Siehe Geschichte 2/Aufgabe 1 (S. 86)

Die Aufgabe ist so konstruiert, dass die Anwendung des Pinzettengriffs provoziert wird. Die richtige Ausführung kann hier beobachtet werden.

Aufgabenbeschreibung

Das Kind sitzt auf einem Stuhl. Vor ihm auf einem Tisch stehen auf der rechten und linken Seite je eine Schachtel in Rot bzw. Gelb. Der Abstand der Schachteln beträgt etwas über Schulterbreite des Kindes. In der gelben befinden sich fünf rote Glasmuggelsteine (oder Münzen), in der roten fünf gelbe Steine. Das Kind wählt die Hand, mit der es beginnen möchte, selbst aus. Es sortiert dann mit dieser Hand die roten Steine in die rote Schachtel und die gelben in die gelbe Schachtel. Anschließend werden zwei neue Schachteln (grün und blau) bereitgestellt, und das Kind sortiert wie oben beschrieben die Steine mit der anderen Hand.

Die Aufgabe kann auch auf dem Boden sitzend oder kniend durchgeführt werden. Dies setzt voraus, dass das Kind diese Positionen „stabil" einnehmen kann.

Material

> Stuhl und Tisch
> vier Schachteln in unterschiedlichen Farben
> Glasmuggelsteine in den entsprechenden Farben der Schachteln
> (alternativ Münzen)

Beobachtungshinweise

Worauf kommt es bei dieser Beobachtung an?

Das Kind greift sowohl mit der einen Hand im Pinzettengriff die Glasmuggelsteine und legt diese in die entsprechende Schachtel, als auch anschließend mit der anderen Hand. Es überkreuzt dabei die Körpermittellinie.

Zusätzliche Beobachtungen

> Das Kind löst nur mit der rechten oder der linken Hand die Aufgabe.
> Das Kind reicht beim Überkreuzen der Körpermittellinie die Steine in die andere Hand.
> Das Kind zeigt seitliche Ausweichbewegungen.
> Das Kind nimmt die Steine nicht mit dem Pinzettengriff auf.
> Das Kind zeigt assoziierte Mitbewegungen im Gesicht.
> Das Kind bricht die Aufgabe vorzeitig ab.

Förderbeispiele

> *Rollbrettschieben*
> Eine Straße wird mit Toren (Kartons, Softfrisbees) markiert. Am Start ertastet das Kind einen Gegenstand in einem Sack. Den Gegenstand lädt es auf ein Rollbrett und schiebt dieses vor sich durch das Tor ins Ziel.

> *Straßenbau*
> Die Kinder heften Wäscheklammern einer Farbe aneinander, so dass eine Farbschlange entsteht. Die Farbschlangen werden aneinandergebaut und in Straßen verwandelt. Ein Kind nach dem anderen geht behutsam durch die Straßen, während die anderen Kinder bei ihrem Straßenbau sitzen und entstandene Schäden reparieren.

> *Balancieren auf Laufbüchsen*
> Auf dem Boden sind Münzen verteilt. Das Kind läuft mit den Laufbüchsen zu den Münzen, sammelt sie auf und legt sie in eine bereitgestellte Schachtel.

> *Knopfladen*
> Vor den Kindern stehen Schachteln mit verschiedenen Knöpfen. Sie erhalten die Aufgabe,
> – alle Knöpfe, die nicht rund, sondern eckig sind, herauszufinden,
> – alle außergewöhnlich großen/kleinen Knöpfe zu suchen,
> – eine Reihe mit Knöpfen zu legen (von groß nach klein oder umgekehrt).

> *Mein Körper*
> Ein Kind wird in eine Decke eingerollt und abgeklopft. Anschließend legt es sich auf ein entsprechend großes Papier (oder Tapete). Ein zweites Kind zeichnet seinen Körperumriss. Die einzelnen Körperteile werden benannt und nach Belieben farbig ausgemalt.

> *Eine Riesen legen*
> Die Kinder legen aus verschiedenen Materialien (z. B. Bierdeckel, Seile, Sandsäckchen, Steine, Tücher etc.) einen „Riesen" auf den Boden. Dabei wird die Größe des Hallenbodens großzügig ausgenutzt.

Aufgabe 2 – Größten und schwersten Edelstein finden

Beobachtungsmerkmal: Taktil-kinästhetische Wahrnehmung

Begriffserklärung
Siehe Geschichte 2/Aufgabe 5 (S. 98ff.)

Aufgabenbeschreibung
Fünf Steine liegen in einer Tastbox. Das Kind sucht mit seinen Händen den größten und
schwersten Stein heraus.

Material

› Steine, die sich in ihrer Größe stark unterscheiden (darauf achten, dass der größte auch der schwerste Stein ist!)
› Tastbox

Beobachtungshinweise

Worauf kommt es bei dieser Beobachtung an?
Das Kind findet den größten und schwersten Edelstein heraus, indem es mit beiden Händen die unterschiedlichen Steine miteinander vergleicht.

Zusätzliche Beobachtungen
› Das Kind exploriert (erkundet) mit einer Hand.
› Das Kind wechselt immer wieder die Hand.
› Das Kind findet einen Stein heraus, der annähernd der größte und schwerste ist.
› Das Kind findet auch nach längerem Suchen nicht den größten und schwersten Stein heraus.
› Das Kind handelt nach Versuch und Irrtum.

Förderbeispiele

› *Fühlkamera*
Ein Kind sitzt mit geschlossenen Augen auf dem Rollbrett. Sein Partner führt es an
den Schultern durch den Raum und hält an drei unterschiedlichen Gegenständen an.
Das sitzende Kind fühlt die Gegenstände mit geschlossenen Augen und berichtet dem
Partner anschließend, um welche Gegenstände es sich gehandelt hat.

› *Kurzferien*
Die Kinder stehen um eine Malerfolie herum und halten diese fest. Auf die Folie werden
etwa ca. 10 Liter blaugefärbtes Wasser (Fingerfarbe, Wasserfarbe) geschüttet. Ein Kind
liegt unter der Folie und spürt die Temperatur und das Gewicht des Wassers, das über
seinen Körper bewegt wird. Das Kind darf über Dauer und Intensität entscheiden.

› *Dinosaurier*
Ein Kind belegt seinen Partner mit Steinen, so dass nur vorsichtige Bewegungen im
Kriechen möglich sind. *Variation:* Es werden nur bestimmte Körperteile belegt.

› *Tonfiguren*
Ein Kind formt aus Ton unterschiedliche Figuren. Ein anderes Kind versucht, diese tas-
tend zu erkennen.

› *Formen erkennen*
Das Kind sitzt mit geschlossenen Augen auf einer Drehscheibe (z. B. Varussell) und
dreht sich langsam. Während des Drehens wird dem Kind ein Gegenstand in die Hand
gelegt, z. B. eine Form (Dreieck, Viereck) oder ein Alltagsgegenstand. Das Kind ertastet
diesen und kann ihn benennen.

Aufgabe 3 — Eine Zauberformel nachzeichnen

Beobachtungsmerkmale: Auge-Fuß-Koordination
                                    Gleichgewichtsfähigkeit
                                    Präferenzdominanz Fuß

Begriffserklärung
Auge-Fuß-Koordination: Siehe Geschichte 1/Aufgabe 7 (S. 68ff.)
Präferenzdominanz Fuß: Siehe Geschichte 2/Aufgabe 1 (S. 86)
Gleichgewichtsfähigkeit: Siehe Geschichte 1/Aufgabe 2 (S. 53ff.)

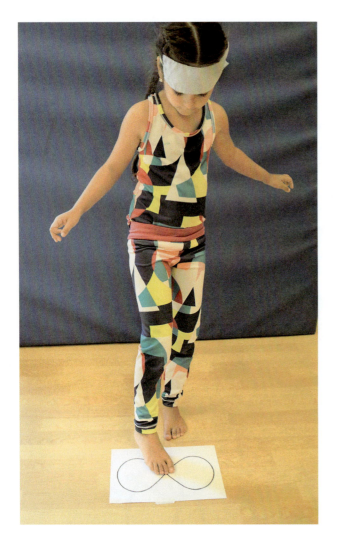

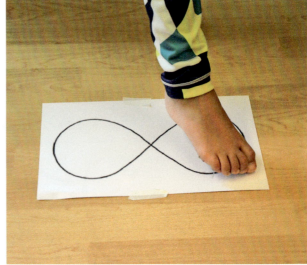

Aufgabenbeschreibung

Eine liegende Acht wird auf ein DIN A4 Papier gemalt/gedruckt. Das Blatt Papier wird vor der Körpermitte des Kindes auf den Boden geklebt. Das Kind zeichnet mit seinen Zehen die liegende Acht nach, es beginnt nach eigener Wahl mit dem rechten oder linken Fuß. Anschließend wechselt es den Fuß.

Material

DIN-A4-Papier mit liegender Acht (Kopiervorlage 3)

Beobachtungshinweise

Worauf kommt es bei dieser Beobachtung an?

Das Kind steht in einer stabilen Ausgangsposition. Es zeichnet mit den Zehen/dem Zeh des einen und des anderen Fußes nacheinander die liegende Acht nach und hält dabei sein Gleichgewicht. Die Zehen sind gebeugt.

Zusätzliche Beobachtungen

› Das Kind findet keine stabile Ausgangsposition.
› Das Kind verliert die Balance und unterbricht immer wieder die Bewegung.
› Die Zehen sind nicht gebeugt.
› Das Kind führt die Arme seitlich nach oben, die Hände sind gefaustet.
› Das Kind zeigt assoziierte Mitbewegungen im Gesicht.

Förderbeispiele

> *Fühlstrasse*
In zwei bis vier Seile werden mehrere Knoten gemacht. Diese Seile werden aneinandergeknotet und auf den Boden gelegt. Die Kinder gehen barfuß und mit geschlossenen Augen über die Seile und tasten mit den Füßen die Knoten ab. Wie viele sind es? Bei Bedarf kann ein Partner das Kind an der Hand führen.

> *Tuchziehen*
Zwei Kinder sitzen in gewissem Abstand gegenüber, so dass sie ein in der Mitte liegendes Frotteetuch gut mit den Zehen erreichen können. Auf Kommando greifen beide mit den Zehen danach und versuchen, es auf die eigene Seite zu ziehen.

> *Die Fußkette*
Die Kinder sitzen im Kreis und reichen einen Ball/Luftballon mit den Füßen weiter.

> *Fußgedicht*
Der erste ist der große Zeh,
der zweite trinkt gern Kräutertee,
der dritte riecht nach Stinkekaas,
der vierte hat am Wackeln Spaß.
Und die kleine Nummer fünf
macht gern' Löcher in die Strümpf.
Die benannten Zehen werden nacheinander massiert, anschließend wird der Fuß gewechselt.
(Quelle: Teilnehmerin in einer Fortbildung)

> *Mit Hand und Fuß*
Kind A sitzt auf einem Stuhl. Es zieht Schuhe und Strümpfe aus und schließt die Augen. Kind B legt einen Gegenstand aus einem bereitgestellten Materialkasten so hin, dass Kind A diesen mit den Füßen ertasten kann. Anschließend wird der Gegenstand wieder in die Kiste zurückgelegt. Kind A öffnet nun die Augen und nimmt die Gegenstände aus der Materialkiste in die Hände, um zu erkennen, welchen Gegenstand es zuvor mit den Füßen ertastet hat (vgl. Bläsius 2008, 89).

Aufgabe 4 – Zaubersprung

Beobachtungsmerkmale: Körperkoordination
Kinästhetische Wahrnehmung
Gleichgewichtsfähigkeit

Begriffserklärung

Besonderheiten des Hampelmannsprungs: Die Kinder trainieren beim Hampelmannsprung die Koordination einzelner Körperteile in ihrer Gesamtbewegung, insbesondere
die Arm-Bein-Sprung-Koordination. Das Kind lernt, sein Körpergewicht auszugleichen und
seine Arme und Beine koordiniert zu bewegen.

Aufgabenbeschreibung

Das Kind führt sechsmal (bis vierjährige Kinder dreimal) den Hampelmannsprung aus, indem es von der Grätschstellung in die Schlussstellung springt. Dabei werden die Arme und Beine abwechselnd nach oben und unten gestreckt. Ob die Arme in der Grätschstellung nach oben oder nach unten gestreckt werden, spielt keine Rolle. Das Kind legt zwischen diesen Sprüngen keine Pause ein.

Material

ohne

Beobachtungshinweise

Worauf kommt es bei dieser Beobachtung an?

Das Kind führt die Anzahl der Hampelmannsprünge mit der richtigen Bewegungskoordination aus. Es behält sein Gleichgewicht und macht zwischen den Sprüngen keine Pause.

Zusätzliche Beobachtungen

> Das Kind kann Arme und Beine nicht koordinieren. Die Arme und Beine werden nicht gleichzeitig bewegt. Die Beine können dem Armrhythmus nicht folgen. Das Kind kommt mit seinen Bewegungen durcheinander.
> Das Kind zeigt einen unrhythmischen/unharmonischen Bewegungsverlauf.
> Das Kind macht lange Pausen nach jedem Bewegungsteil. Es plant die nächste Bewegung immer wieder neu.
> Das Kind ist sehr angestrengt und schnell erschöpft.
> Der Hampelmannsprung ist nicht durchführbar, weil das Kind die Aufgabe verweigert.

Förderbeispiele

› *Hopsassa*
Die Kinder klemmen sich einen Luftballon zwischen ihre Knie und bewegen sich durch den Raum. Sie probieren unterschiedliche Fortbewegungsarten: Gehen, Hüpfen, Springen ...

› *Heißer Reifen*
Kind A hält einen Gymnastikreifen, Kind B steigt hinein und darf den Reifen mit seinen Händen berühren. Kind A führt Kind B so durch den Raum, dass der heiße Reifen nicht vom Körper von Kind B berührt wird.

› *Möhrenziehen*
Die Kinder (Möhren) liegen in Bauchlage auf dem Boden, der Kopf zeigt in die Kreismitte. Sie halten sich an den Händen fest. Ein Kind (Hase) geht herum und versucht, sich eine Möhre zu ziehen, indem es fest an den Beinen eines Kindes zieht. Kann die Gruppe das Kind nicht im Kreis an seinen Händen festhalten, ist die Möhre gezogen und das Kind darf dem Hasen beim Möhrenziehen helfen.

› *Froschhüpfen*
Die Kinder verteilen sich im Raum und hüpfen immer auf das vereinbarte Zeichen „eins, zwei, drei (geklatscht) hopp" wie ein Frosch weiter.

› *Springen auf dem Trampolin oder Minitrampolin*
Die Kinder springen auf einem (Mini-)Trampolin hin und her, im Wechsel schließen und grätschen sie ihre Beine.

Aufgabe 5 – Zeichnung vom Zauberwald ergänzen

Beobachtungsmerkmale: Visuelle Wahrnehmung
Visuelle Figur-Grund-Wahrnehmung

Begriffserklärung
Visuelle Wahrnehmung: Siehe Geschichte 1/Aufgabe 1 (S. 50ff.); Geschichte 2/Aufgabe 1 (S. 86ff.); Geschichte 1/Aufgabe 6 (S. 65ff.)
Visuelle Figur-Grund-Wahrnehmung: Die bewusste, differenzierte und in der Anzahl begrenzte Wahrnehmung bei der visuellen Aufnahme der Reize aus der Umwelt wird als Figur-Grund-Wahrnehmung bezeichnet. Hierbei spielt es eine entscheidende Rolle, zu einem Zeitpunkt das Wichtige in den Fokus zu rücken. Dadurch ist das Kind in der Lage, Wichtiges von Unwichtigem zu unterscheiden und seine Aufmerksamkeit zu steuern.

Aufgabenbeschreibung
Dem Kind werden zwei Zeichnungen vom Zauberwald vorgelegt. Die unvollständige soll entsprechend der anderen Vorlage ergänzt werden.

Material
Kopiervorlage 4 – Zeichnungen vom Zauberwald

Beobachtungshinweise
Worauf kommt es bei dieser Beobachtung an?
Das Kind ergänzt nach und nach die fehlenden Teile der jeweiligen Zeichnungen.

Zusätzliche Beobachtungen
› Das Kind ergänzt nicht alle fehlenden Teile.
› Das Kind wechselt von „Teilzeichnung" zu „Teilzeichnung", ohne die vorherige abgeschlossen zu haben.
› Das Kind hält den Stift nicht im Dreipunktgriff.
› Das Kind hält den Stift verkrampft.
› Das Kind wechselt die „Stifthand".
› Das Kind zeigt assoziierte Mitbewegungen im Gesicht.

Praktischer Tipp
Diese Aufgabe erfordert viel Zeit und somit Ausdauer und Konzentration von den Kindern. Aktive Bewegungsspiele vor dieser Aufgabe sind sinnvoll!

Förderbeispiele

› *Stolperschnur*
Zwei Kinder halten eine Schnur in niedriger Höhe waagerecht über dem Boden und gehen bzw. laufen vorwärts durch den Raum. Die anderen Kinder laufen diesen entgegen und springen über die Schnur.

› *Luftschlösser*
Der Übungsleiter malt mit seinen Fingern Figuren in die Luft. Die Kinder erraten diese und malen sie auch in die Luft oder auch auf Papier oder eine Tafel.

› *Affen machen alles nach*
Eine Gruppe Kinder bewegt sich im Raum. Kind A ist als Oberaffe ausgewählt worden. Dieses versucht möglichst unauffällig wechselnde Bewegungen vorzugeben, die die anderen Kinder nachmachen. Kind B, das vorher aus dem Raum geschickt wurde, soll aus den sich bewegenden Kindern den Oberaffen herausfinden.

› *Luftballons schweben*
Jedes Kind erhält einen unterschiedlich gekennzeichneten Luftballon. Es soll versuchen, seinen Luftballon durch Hochschlagen so lange wie möglich in der Luft zu halten.

› *Schuhe suchen*
Die Kinder bilden einen Sitzkreis und legen ihre Schuhe durcheinander in die Mitte. Auf ein Signal hin sucht jedes Kind so schnell wie möglich sein Schuhpaar.

› *Rückenmalen*
Den Kindern wird eine Form auf den Rücken gemalt. Wenn diese erkannt wurde, fahren die Kinder auf dem Rollbrett liegend diese Form nach ihrer Vorstellung im Raum nach. Aus einer Vielzahl auf Karten aufgemalter Symbole wird anschließend das richtige Symbol gezeigt.
Variation: Wie oben mit Buchstaben und Zahlen

Aufgabe 6 – Formen ertasten und wiedererkennen

Beobachtungsmerkmal: Taktil-kinästhetische Wahrnehmung

Begriffserklärung
Taktil-kinästhetische Wahrnehmung: Siehe Geschichte 2/Aufgabe 5 (S. 98ff.)

Aufgabenbeschreibung

Das Kind ertastet (ohne visuelle Kontrolle) eine Form in der Tastbox. Diese hält es mit einer Hand fest, mit der anderen zeigt es die ertastete Form auf einer Zeichnung. Anschließend vergleicht das Kind diese miteinander.

Material

> Kopiervorlage 5, geometrische For-
  men
> passende Holzformen
> Tastbox

Beobachtungshinweise

Worauf kommt es bei dieser Beobachtung an?

Das Kind ertastet eine Form, hält diese mit einer Hand fest und zeigt sie anschließend auf der Zeichnung. Dies wiederholt das Kind insgesamt viermal (mit unterschiedlichen Formen).

Zusätzliche Beobachtungen

> Das Kind erkennt nicht alle Formen.
> Das Kind handelt nach Versuch und Irrtum.
> Das Kind sucht planlos in der Tastbox nach den Formen.
> Das Kind sucht nach Formen mit permanenter verbaler Begleitung.
> Das Kind zeigt assoziierte Mitbewegungen im Gesicht.

Förderbeispiele

› *Schuhklau*
Die Kinder legen ihre Schuhe unter ein Tuch und suchen ihr Schuhpaar unter allen anderen Paaren durch Ertasten heraus.

› *Orgelpfeifen*
Die Kinder stehen in einer Reihe, ungeordnet nach Körpergröße. Ein anderes Kind sortiert mit geschlossenen Augen die Gruppe nach Körpergröße, indem es in Scheitel- oder Schulterhöhe die Größen erfühlt.

› *Fühl-Memory*
Auf feste Pappe oder Sperrholz werden identische Materialien geklebt, z. B. weicher/ rauer Stoff, Schmirgelpapier, Watte, Plastikfolie usw. Aufgabe der Kinder ist es, zu einer ausgewählten Karte mit verbundenen Augen das Gegenstück durch Ertasten und Fühlen zu finden.

› *Hindernisfahren*
Im Raum sind Hindernisse verteilt. Ein Seil markiert den Weg zwischen den Hindernissen. Die Kinder liegen in Bauchlage auf dem Rollbrett und fahren den Weg ab. Anschließend wird die Aufgabe mit geschlossenen Augen durchgeführt. Die jeweiligen Wegabschnitte werden miteinander verglichen z. B.: Welcher Weg war länger, welcher kürzer? Woran erkennt das Kind dies mit geschlossenen Augen?

› *Hundehütte*
Die Kinder stehen in einem doppelten Innenstirnkreis. Die innen stehenden grätschen die Beine, die außen stehenden gehen, laufen oder springen um den Kreis. Auf das Signal „Hundehütte" versucht jeder in eine Hundehütte zu kriechen. Die Kreise tauschen bei Bedarf.

Aufgabe 7 – Figuren nachmachen

Beobachtungsmerkmale: Körperschema
                        Kinästhetische Wahrnehmung

Begriffserklärung
Körperschema: Siehe Geschichte 1/Aufgabe 5 (S. 62ff.)
Kinästhetische Wahrnehmung: Siehe Geschichte 1/Aufgabe 5 (S. 62ff.)

Aufgabenbeschreibung

Das Kind ahmt mit seinem Körper aus statischer Position die drei Figuren nach, die ihm vorgemacht werden (z. B. rechte Hand auf linke Schulter, linke Hand auf rechte Schulter; rechte Hand an linkes Ohr, linke Hand an rechten Ellbogen; rechte Hand auf rechtes Knie, linke Hand auf rechte Schulter etc.).

Material

Ohne

Beobachtungshinweise

Worauf kommt es bei dieser Beobachtung an?

Das Kind schaut sich die vorgemachte Figur an. Anschließend bildet es diese nach, indem es die dazu notwendigen Bewegungen ausführt. Dies kann spiegelbildlich geschehen.

Zusätzliche Beobachtungen

› Das Kind ahmt die Position nicht nach.
› Das Kind führt die Überkreuzbewegungen nicht aus.
› Das Kind imitiert auf einer Körperseite die Position, auf der anderen nicht.
› Das Kind kontrolliert die einzelnen Bewegungen visuell.
› Das Kind zeigt Gleichgewichtsschwankungen.
› Das Kind handelt nach Versuch und Irrtum.

Förderbeispiele

› *Tarzan*
Taue werden in schwingende Bewegungen versetzt. Die Kinder bewältigen den Weg entlang durch die Lianen, ohne die Taue zu berühren.
Variation: Die Kinder gehen über eine Langbank, die unter die Taue gestellt wird.

› *Körperform umlegen*
Ein auf dem Boden liegendes Kind wird mit Seilen/Zollstöcken umlegt, so dass die Körperform ersichtlich wird. Das liegende Kind versucht so aufzustehen, dass die Körpergrenzen nicht zerstört werden.
Variation: Wie oben jedoch mit Papprollen oder Keulen/Kegel umlegen.

› *Kletten*
Zwei Kinder stehen sich gegenüber. Es wird ein Körperteil benannt, an dem die beiden „festkleben". Auf diese Art und Weise bewegen sie sich durch den Raum.

› *Gummipuppe*
Kind A liegt „festverklebt" am Boden. Kind B versucht, die einzelnen Körperteile hochzuheben. Anschließend wird das Kind zur Gummipuppe. Die abwechselnd bewegten Körperteile sind jetzt locker und schlabbrig.

› *Körperumriss*
Ein Kind legt sich in Rückenlage auf den Boden. 1–4 Kinder stellen Papprollen oder Bausteine um seinen gesamten Körper herum auf. Das Kind versucht vorsichtig aufzustehen und möglichst wenige/keine Papprollen oder Bausteine dabei umzuwerfen.

Aufgabe 8 – Durch einen Zauberreifen steigen

Beobachtungsmerkmale: Körperschema
                                       Körperkoordination
                                       Beweglichkeit

Begriffserklärung
Körperschema:Siehe Geschichte 1/Aufgabe 5 (S. 62ff.)
Körperkoordination: Siehe Geschichte 1/Aufgabe 5 (S. 62ff.)

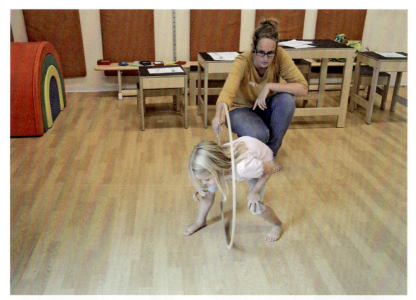

Aufgabenbeschreibung
Das Kind windet sich durch einen Gymnastikreifen. Es darf diesen nicht berühren und auch die Hände nicht zur Unterstützung aufsetzen.

Material
1 Gymnastikreifen

Beobachtungshinweise
Worauf kommt es bei dieser Beobachtung an?
Das Kind windet sich ohne Handaufsetzen auf den Boden und ohne Berührung des Reifens durch diesen hindurch.

Zusätzliche Beobachtungen
› Das Kind windet sich ohne Handaufsetzen durch den Reifen, berührt diesen aber.
› Das Kind berührt den Reifen und setzt die Hände auf.
› Das Kind springt durch den Reifen und berührt diesen dabei.

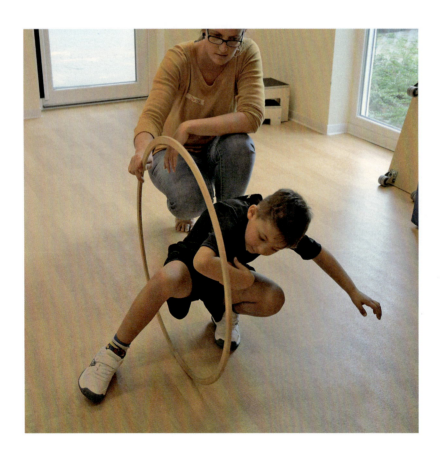

Förderbeispiele

› *Hand und Fuß*
Die Kinder liegen auf dem Rücken, die Arme sind rechtwinkelig vom Körper gestreckt. Aus dieser Position heraus versuchen die Kinder mit dem rechten Fuß die linke Hand zu berühren, anschließend mit dem linken Fuß die rechte Hand. Ein vereinbartes Signal gibt den Wechsel an.

› *Siamesische Zwillinge*
Die Kinder stellen sich zu Zweit nebeneinander. Sie sind jeweils durch ein anderes Körperteil miteinander verbunden und dürfen sich beim Laufen nicht loslassen.

› *Drunter und drüber*
Die Kinder sitzen im Kreis und werfen sich ein Wollknäuel zu, so dass ein grobmaschiges Netz entsteht, dessen Verbindungen unterschiedlich hoch sind. Anschließend durchkriecht oder übersteigt ein Kind von einem Ende des Netzes bis zum anderen die Verbindungen.

› *Denkmal bauen*
Kind A legt sich als Denkmal in einer beliebigen Position unter ein Schwungtuch (oder Decke). Kind B tastet das Denkmal ab und versucht die Position mit dem eigenen Körper nachzustellen.

› *Reifenhaus*
Gemeinsam mit den Kindern wird ein Haus aus vier bis sechs Reifen gebaut. Die Kinder kriechen hindurch, ohne dass es zusammenfällt.

› *Magnetische Körperteile*
Das Kind trägt verschiedene Gegenstände (Bierdeckel, Frisbeescheiben, Sandsäckchen etc.) ohne sie festzuhalten auf verschiedenen Körperteilen durch den Raum, sowohl über ebene Strecken, als auch auch über Hindernisse.

› *Fischer, Fischer, wie tief ist das Wasser*
Als Fortbewegungsmöglichkeit werden nur Tierbewegungsarten zugelassen.

Name: _____   Vorname: _____

Geschlecht: w ☐   m ☐   Geburtsdatum: _____

Pädagogische Fachkraft: _____   Datum/Beobachtung: _____

Aufgaben	Beobachtung	✖	Zusätzliche Beobachtung	✔
G3 Aufgabe 1 **Goldtaler sortieren** › Präferenzdominanz Hand 	Das Kind greift sowohl mit der einen Hand im Pinzettengriff die Glasmuggelsteine und legt diese in die entsprechende Schachtel, als auch anschließend mit der anderen Hand. Es überkreuzt dabei die Körpermittellinie.		› Das Kind löst nur mit der rechten oder der linken Hand die Aufgabe. › Das Kind reicht beim Überkreuzen der Körpermittellinie die Steine in die andere Hand. › Das Kind zeigt seitliche Ausweichbewegungen. › Das Kind nimmt die Steine nicht mit dem Pinzettengriff auf. › Das Kind zeigt assoziierte Mitbewegungen im Gesicht. › Das Kind bricht die Aufgabe vorzeitig ab. _____ Anmerkungen	

Name: _____   Vorname: _____

Geschlecht: w ☐   m ☐   Geburtsdatum: _____

Pädagogische Fachkraft: _____   Datum/Beobachtung: _____

Aufgaben	Beobachtung	✖	Zusätzliche Beobachtung	✔
G3 Aufgabe 2 **Größten und schwersten Edelstein finden** › Taktil-kinästhetische Wahrnehmung 	Das Kind findet den größten und schwersten Edelstein heraus, indem es mit beiden Händen die unterschiedlichen Steine miteinander vergleicht.		› Das Kind exploriert (erkundet) mit einer Hand. › Das Kind wechselt immer wieder die Hand. › Das Kind findet einen Stein heraus, der annähernd der größte und schwerste ist. › Das Kind findet auch nach längerem Suchen nicht den größten und schwersten Stein heraus. › Das Kind handelt nach Versuch und Irrtum. Anmerkungen	

Beobachtungsbogen G3   Die Abenteuer der kleinen Hexe

Name: _____   Vorname: _____

Geschlecht: w ☐   m ☐   Geburtsdatum: _____

Pädagogische Fachkraft: _____   Datum/Beobachtung: _____

Aufgaben	Beobachtung	✖	Zusätzliche Beobachtung	✔
G3 Aufgabe 3 **Eine Zauberformel nachzeichnen** › Aug-Fuß-Koordination › Gleichgewichtsfähigkeit › Präferenzdominanz Fuß 	Das Kind steht in einer stabilen Ausgangsposition. Es zeichnet mit den Zehen/dem Zeh des einen und des anderen Fußes nacheinander die liegende Acht nach und hält dabei sein Gleichgewicht. Die Zehen sind gebeugt.		› Das Kind findet keine stabile Ausgangsposition. › Das Kind verliert die Balance und unterbricht immer wieder die Bewegung. › Die Zehen sind nicht gebeugt. › Das Kind führt die Arme seitlich nach oben, die Hände sind gefaustet. › Das Kind zeigt assoziierte Mitbewegungen im Gesicht. _____ Anmerkungen	

Beobachtungsbogen G3   Die Abenteuer der kleinen Hexe

Name: _____   Vorname: _____

Geschlecht: w ☐ m ☐   Geburtsdatum: _____

Pädagogische Fachkraft: _____   Datum/Beobachtung: _____

Aufgaben	Beobachtung	✖	Zusätzliche Beobachtung	✔
G3 Aufgabe 4 **Zaubersprung** › Körperkoordination › Kinästhetische Wahrnehmung › Gleichgewichtsfähigkeit 	Das Kind führt die Anzahl der Hampelmannsprünge mit der richtigen Bewegungskoordination aus. Es behält sein Gleichgewicht und macht zwischen den Sprüngen keine Pause.		› Das Kind kann Arme und Beine nicht koordinieren. Die Arme und Beine werden nicht gleichzeitig bewegt. Die Beine können dem Armrhythmus nicht folgen. Das Kind kommt mit seinen Bewegungen durcheinander. › Das Kind zeigt einen unrhythmischen/unharmonischen Bewegungsverlauf. › Das Kind macht lange Pausen nach jedem Bewegungsteil. Es plant die nächste Bewegung immer wieder neu. › Das Kind ist sehr angestrengt und schnell erschöpft. › Der Hampelmannsprung ist nicht durchführbar, weil das Kind die Aufgabe verweigert. Anmerkungen	

Name: _____   Vorname: _____

Geschlecht: w ☐ m ☐   Geburtsdatum: _____

Pädagogische Fachkraft: _____   Datum/Beobachtung: _____

Aufgaben	Beobachtung	✘	Zusätzliche Beobachtung	✔
G3 Aufgabe 5 **Zeichnung vom Zauberwald ergänzen** › Visuelle Wahrnehmung › Visuelle Figur-Grund-Wahrnehmung 	Das Kind ergänzt nach und nach die fehlenden Teile der jeweiligen Zeichnungen.		› Das Kind ergänzt nicht alle fehlenden Teile. › Das Kind wechselt von „Teilzeichnung" zu „Teilzeichnung", ohne die vorherige abgeschlossen zu haben. › Das Kind hält den Stift nicht im Dreipunktgriff. › Das Kind hält den Stift verkrampft. › Das Kind wechselt die „Stifthand". › Das Kind zeigt assoziierte Mitbewegungen im Gesicht. _____ Anmerkungen	

Beobachtungsbogen G3   Die Abenteuer der kleinen Hexe

Name: _____   Vorname: _____

Geschlecht: w ☐   m ☐   Geburtsdatum: _____

Pädagogische Fachkraft: _____   Datum/Beobachtung: _____

Aufgaben	Beobachtung	✖	Zusätzliche Beobachtung	✔
G3 Aufgabe 6 **Formen ertasten und wiedererkennen** › Taktil-kinästhetische Wahrnehmung 	Das Kind ertastet eine Form, hält diese mit einer Hand fest und zeigt sie anschließend auf der Zeichnung. Dies wiederholt das Kind insgesamt viermal (mit unterschiedlichen Formen).		› Das Kind erkennt nicht alle Formen. › Das Kind handelt nach Versuch und Irrtum. › Das Kind sucht planlos in der Tastbox nach den Formen. › Das Kind sucht nach Formen mit permanenter verbaler Begleitung. › Das Kind zeigt assoziierte Mitbewegungen im Gesicht. _____ Anmerkungen	

Name: _____   Vorname: _____

Geschlecht: w ☐   m ☐   Geburtsdatum: _____

Pädagogische Fachkraft: _____   Datum/Beobachtung: _____

Aufgaben	Beobachtung	✖	Zusätzliche Beobachtung	✔
G3 Aufgabe 7 **Figuren nachmachen** › Körperschema › Kinästhetische Wahrnehmung 	Das Kind schaut sich die vorgemachte Figur an. Anschließend bildet es diese nach, indem es die dazu notwendigen Bewegungen ausführt. Dies kann spiegelbildlich geschehen.		› Das Kind ahmt die Position nicht nach. › Das Kind führt die Überkreuzbewegungen nicht aus. › Das Kind imitiert auf einer Körperseite die Position, auf der anderen nicht. › Das Kind kontrolliert die einzelnen Bewegungen visuell. › Das Kind zeigt Gleichgewichtsschwankungen. › Das Kind handelt nach Versuch und Irrtum. Anmerkungen	

Name: _____   Vorname: _____

Geschlecht: w ☐   m ☐   Geburtsdatum: _____

Pädagogische Fachkraft: _____   Datum/Beobachtung: _____

Aufgaben	Beobachtung	✘	Zusätzliche Beobachtung	✔
G3 Aufgabe 8 **Durch einen Zauberreifen steigen** › Körperschema › Körperkoordination › Beweglichkeit 	Das Kind windet sich ohne Handaufsetzen auf den Boden und ohne Berührung des Reifens durch diesen hindurch.		› Das Kind windet sich ohne Handaufsetzen durch den Reifen, berührt diesen aber. › Das Kind berührt den Reifen und setzt die Hände auf. › Das Kind springt durch den Reifen und berührt diesen dabei. _____ Anmerkungen	

Kopiervorlagen

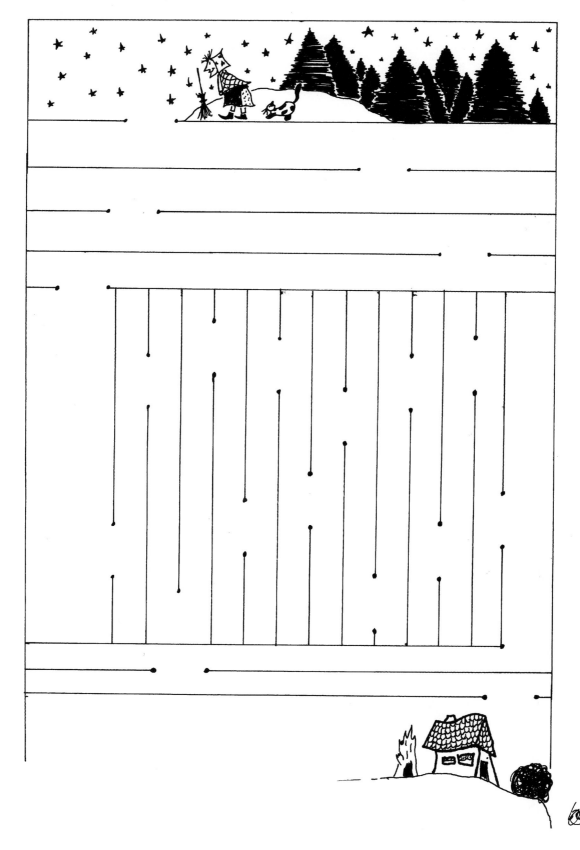

Zeichnung vom Labyrinth

Zaubervogel 1

Zaubervogel 2

Unendliche Treppe

Zwergenbau

Brücke

Giftpflanzen

Fabelwesen

Felswandzeichnung

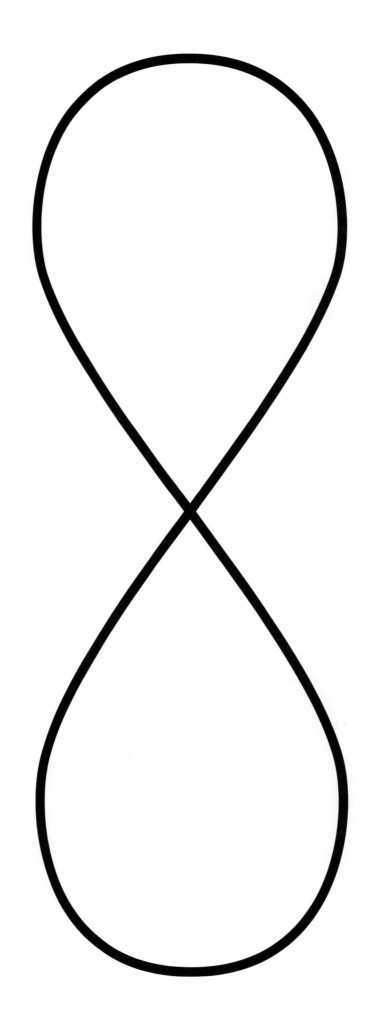

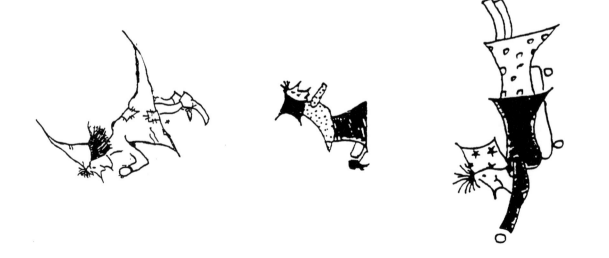

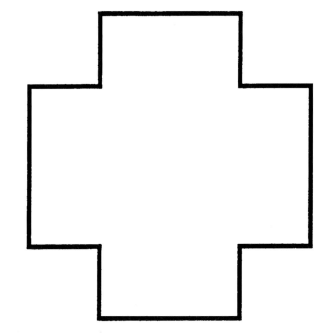

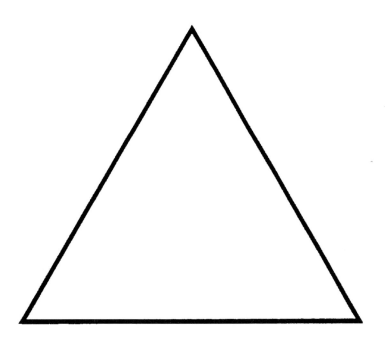

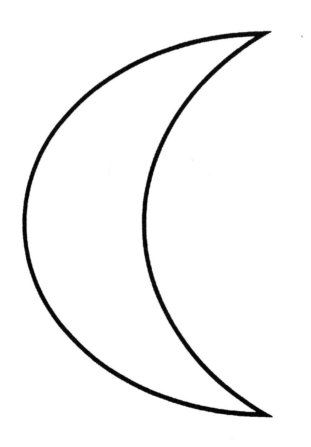

166 verlag modernes lernen · B 1278 · Alle Rechte vorbehalten!

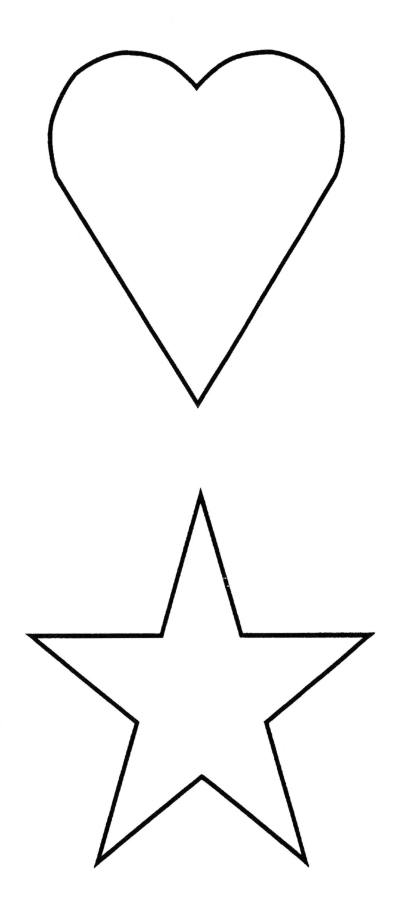

Diplom

Die kleine Hexe _____

hat die Hexenprüfung zur Oberhexe bestanden.

Datum: _____

Unterschrift der Oberhexe: _____

Anhang
Profilbogen
Individueller Entwicklungsplan (IEP)

Profilbogen

Name: _____ Vorname: _____

Geschlecht: w ☐ m ☐   Geburtsdatum: _____

Pädagogische Fachkraft: _____ Datum/Beobachtung: _____

Geschichte/ Aufgabe	Beobachtungsmerkmal	☺	☹
G1, A4	Taktile Wahrnehmung		
G2, A5	Taktil-kinästhetische Wahrnehmung		
G3, A2			
G3, A6			
G1, A5	Kinästhetische Wahrnehmung		
G 2, A4			
G2, A8			
G 3, A 4			
G3, A7			
G1, A5	Körperschema		
G2, A4			
G3, A7			
G3, A8			
G1, A3	Auditive Wahrnehmung		
G2, A7			
G1, A1	Visuelle Wahrnehmung		
G2, A 6			
G3, A 5			
G2, A1	Visuomotorische Koordination		

Geschichte/ Aufgabe	Beobachtungsmerkmal	☺	☹
G1, A6	Auge-Hand-Koordination		
G2, A8			
G1, A7	Auge-Fuß-Koordination		
G3, A3			
G1, A1	Augenmuskelkontrolle		
G1, A2	Gleichgewichtsfähigkeit		
G1, A7			
G2, A3			
G3, A3			
G3, A4			
G2, A2	Lateralität		
G1, A5	Körperkoordination		
G3, A4			
G3, A8			
G1, A6	Bilateralkoordination		
G1, A8			
G2, A1	Präferenzdominanz (Hand und Fuß)		
G2, A8			
G3, A1			
G3, A3			

Individueller Entwicklungsplan (IEP)

Name: _____

Vorname: _____

Geburtsdatum: _____ Geschlecht: w ☐   m ☐

Foto

Pädagogische Fachkraft: _____

IEP begonnen am: _____ IEP abgeschlossen am: _____

1	Anamnese/Vorgeschichte

2   Familiäre Wohn- und Lebenssituation

3   Psychisch-emotionale Ebene

4   Kognitive Ebene

5   Beziehungsebene (Kontaktaufnahme, Kommunikation, Kooperation, Konfliktverhalten)

6   Handlungsebene (Umgang mit Anforderungen und Materialien)

7   Motorische Ebene

7.1   Grad der motorischen Aktivität (viel, wenig, langsam, ausdauernd, schnell ermüdend, vorsichtig, explorierend ...)

7.2   Großmotorische Koordination

7.3   Feinmotorische Koordination

8 Wahrnehmungsebene

8.1 Vestibuläre Wahrnehmung

8.2 Kinästhetische Wahrnehmung

8.3 Taktile Wahrnehmung

8.4 Körperschema

8.5 Visuelle Wahrnehmung

8.6 Auditive Wahrnehmung

8.7 Praxie (Handlungsplanung)

9   Sonstige Bereiche

10   Sichtweise/Einschätzung aus dem Blickwinkel von anderen Personen

11   Was das Kind besonders gut kann (Ressourcen)

12   Hypothesenbildung (Bezugnahme zu den Beobachtungen aus 1–11)

13 Schlussfolgerung und perspektivischer Ausblick

14 Ziele mit Differenzierung/ Konkretisierung

Literatur

Literatur

Ayres, J. (1979): Lernstörungen. Berlin: Springer

Ayres, J. (1984): Bausteine der kindlichen Entwicklung. Berlin: Springer

Bachmann, K. (1999): Das motorische Wunder. In: GEO (8)

Balster, K. (1998): Kinder mit mangelnden Bewegungserfahrungen (2). Duisburg: Basis

Barth, K. (1997): Lernschwächen früh erkennen. München: Ernst Reinhardt

Beins, H. J.; Lensing-Conrady, R.; Pütz, G.; Schönrade, S. (Hrsg.) (1999): Wenn Kinder durchdrehen ... Vom Wert des „Fehlers" in der Psychomotorik. Dortmund: borgmann publishing

Beudels, W.; Lensing-Conrady, R.; Beins, H. J. (1999): ... das ist für mich ein Kinderspiel. Handbuch der Psychomotorik. Dortmund: borgmann publishing

Beudels, W.; Kleinz, N.; Delker, K (1999): Außer Rand und Band. WenigKostenvielSpaßGeschichten mit Alltagsmaterialien. Dortmund: borgmann publishing

Beudels, W. (1996): Evaluation psychomotorischer Förderungsmaßnahmen ... bei von der Schule zurückgestellten Kindern. In: Motorik (19)

Bielefeld, J.(1986): Körpererfahrung. Göttingen: Hogrefe

Bläsius, J. (2008): Was berührt mich da? Dortmund: verlag modernes lernen

Brand, I.; Breitenbach, E.; Meisel, V.(1997): Integrationsstörungen. Würzburg: edition bentheim

Büttner, G., Dacheneder, W., Schneider, W. & Weyer, K. (2008): Frostigs Entwicklungstest der visuellen Wahrnehmung - 2 (FEW-2). Göttingen: Hogrefe

Cárdenas, B. (2000): Diagnostik mit Pfiffigunde. Ein kindgemäßes Verfahren zur Beobachtung von Wahrnehmung und Motorik (5–8 Jahre). Dortmund: borgmann publishing

Doering, W.; Doering, W. (1996): Entwicklungsbegleitung. In: Praxis der Psychomotorik (21)

Eggert, D (1995).: Von der Kritik an den motometrischen Tests zu den individuellen Entwicklungsplänen in der qualitativen Motodiagnostik. In: Motorik (18)

Eggert, D. (2007): Von den Stärken ausgehen ... Dortmund: borgmann publishing

Eggert, D.; Ratschinski, G. (1996): DMB – Diagnostisches Inventar motorischer Basiskompetenzen. Dortmund: borgmann publishing

Fischer, K. (1996): Wahrnehmung als Erkundungsaktivität. In: Motorik (19)

Kesper, G.; Hottinger, C. (1994): Mototherapie bei Sensorischen Integrationsstörungen. München: Reinhardt

Kiphard, E. J. (1987): Motopädagogik im Krippenalter. In: Motorik (10)

Kiphard, E. J. (1998): Motopädagogik. Dortmund: verlag modernes lernen

Köckenberger, H. (2007): Kinder stärken. Dortmund: BORGMANN MEDIA

Kükelhaus, H. (2001): Hören und Sehen in Tätigkeit. Luzern: Klett und Balmer

Lensing-Conrady, R. (1999): Von der Heilsamkeit des Schwindels. In: Beins, H. J.; Lensing-Conrady, R.; Pütz, G.; Schönrade, S. (Hrsg.): Wenn Kinder durchdrehen ..., Dortmund: borgmann publishing

Loosch, E. (1999): Allgemeine Bewegungslehre. Wiebelsheim: Limpert

Meinel, K.; Schnabel, G. (1998): Bewegungslehre. Berlin: Meyer & Meyer

Michaelis, R.; Erlewein, R.; Michaelis, U. (1996): Variabilität und Individualität in der motorischen Entwicklung. In: Motorik (19)

Passolt, M. / Pinter-Theiss, V. (2003): Ich hab eine Idee ... Dortmund: verlag modernes lernen

Preussler, O. (19957): Die kleine Hexe. Stuttgart: Thienemann

Pütz, G.; Lensing-Conrady, R.; Schönrade, S.; Beins, H. J.; Beudels, W. (Hrsg.) (1999): An Wunder glauben ..., Dortmund: borgmann publishing

Pütz, G., Rösner, M. (2015): Von 0 auf 36. Dortmund: verlag modernes lernen

Reichenbach, C. (2005): Motodiagnostik zwischen Therapie und Pädagogik. In: Praxis der Psychomotorik (1)

Reichenbach, C. (2016): Bewegungsdiagnostik in Theorie und Praxis. Dortmund: verlag modernes lernen

Reichenbach, C./Thiemann, H. (2013): Lehrbuch diagnostischer Grundlagen der Heil- und Sonderpädagogik. Dortmund: verlag modernes lernen

Roth, K. (19982): Strukturanalyse motorischer Fähigkeiten. Bad Homburg: Limpert

Sacks, O. (1987): Der Mann, der seine Frau mit einem Hut verwechselte. Reinbek: rororo

Schäfer, M. (1997): Zur Anwendung motometrischer und psychologischer Testverfahren in unterschiedlichen Praxisfeldern. In: Motorik (20)

Scheid, V. (1994): Motorische Entwicklung in der frühen Kindheit. In: Baur, J.; Bös, K.; Singer, R.: Motorische Entwicklung. Schorndorf: Hofmann

Schlack, H. G. (1999): Entwicklungsauffälligkeit – Normvariation oder Krankheit? In: Beins, H. J.; Lensing-Conrady, R.; Pütz, G.; Schönrade, S. (Hrsg.): Wenn Kinder durchdrehen ..., Dortmund: borgmann publishing

Schlack, H. G.; Largo, R. H.; Michaelis, R.; Neuhäuser, G.; Orth, B. (1994): Praktische Entwicklungsneurologie. München: Marseille

Schlack, H. G. (2012): Motorische Entwicklung im frühen Kindesalter: Zugriff unter: http://www.kita-fachtexte.de/uploads/media/KiTaFT_SchlackIII_MotEntw_2012.pdf

Schönrade, S.; Pütz, G. (2007): Abenteuer im Piratenland. Psychomotorische Diagnostik für 7–11-jährige Kinder. Dortmund: BORGMANN MEDIA

Schönrade, S. (2006): Lernbaum-Poster. Dortmund: BORGMANN MEDIA

Schönrade, S. (2009): LebensOrt Kindergarten. Fotoband zur Innenraumgestaltung. Dortmund: BORGMANN MEDIA

Schönrade, S. (2012): Kinderräume – Kinder-Träume. ... oder wie Raumgestaltung im Kindergarten sinnvoll ist. Dortmund: borgmann publishing

Schönrade, S. (2015): Die Abenteuer der kleinen Hexe. In: Schäfer, H.; Rittmeyer, Ch. (Hrsg.): Handbuch Inklusive Diagnostik. Weinheim und Basel: Beltz

Tomatis, A. (1990): Der Klang des Lebens. Reinbek: rororo

Trenkle, B. (1999): Das Handbuch der Psychotherapie. Heidelberg: Carl Auer

Vetter, M. (2002): Handlungsorientierte psychomotorische Diagnostik. Berlin: dissertation.de

Viernickel, S./Völkel, P. (2005): Beobachten und dokumentieren im pädagogischen Alltag. Freiburg: Herder

Winter, R. (1998): Die motorische Entwicklung des Menschen von der Geburt bis ins hohe Alter. In: *Meinel, K.; Schnabel, G.:* Bewegungslehre. Berlin: Meyer & Meyer

Zimmer, R. (2012): Handbuch der Sinneswahrnehmung. Freiburg: Herder

Zimmer, R. (1999): Handbuch der Psychomotorik. Freiburg: Herder

Zinke-Wolter, P. (1992): Spüren – Bewegen – Lernen, Dortmund: borgmann publishing

(Team-) Fortbildungen

Interessenten können Ihre Anfragen an folgende
Adressen richten:

Silke Schönrade
RÄUME für KINDER
www.raumgestaltung-kindergarten.de
www.pit-schoenrade.de

Günter Pütz
Berufskolleg Michaelshoven
Pfarrer-te-Reh-Str. 5
50999 Köln
www.berufskolleg-michaelshoven.de
g.puetz@bfw-koeln.de

Raum für Notizen:

Ausgezeichnete Bücher für die Praxis ...

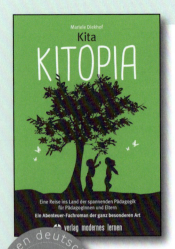

Mariele Diekhof

Kita KITOPIA

Eine Reise ins Land der spannenden Pädagogik für PädagogInnen und Eltern
Ein Abenteuer-Fachroman der ganz besonderen Art

Dieses Buch beschreibt in faszinierend ungewohnter Art und Weise, wie gute Pädagogik in Kitas gelingen kann: mit erfolgreicher Bildungsarbeit, fernab vom Überaktionismus und der allgemein verbreiteten Angebotspädagogik. Es ist eine Einladung zu einer abenteuerlichen und spannenden Reise, die in ein aufregendes Land führt, in ein Land voller Phantasie, Zauberei, Bildung und Lebenslust. Alles spielt in der „KITOPIA", in einer virtuellen Kita, in der die Kinder Kind sein dürfen und von herzlichen und professionellen ErzieherInnen begleitet werden. Das Buch schenkt unzählige Einblicke hinter die Kulissen, weckt die Neugier und eröffnet völlig neue Denkansätze.

24 Türen warten darauf geöffnet zu werden: Hinter jeder Tür verbergen sich bunte Bilder, Begegnungen und inspirierende Geschichten, die zum Staunen, Lachen und Nachdenken anregen. Die Leser werden kleinen und großen Menschen begegnen, von ihren Träumen, Wünschen und Visionen erfahren und sie im alltäglichen Tun begleiten. Sie sind mittendrin im pulsierenden Alltag, spüren die Lebenslust und die Leichtigkeit.

(2016 in der Shortlist der Stiftung Buchkunst, als eines der schönsten Bücher Deutschlands.)

„Freiheit, Abenteuer, Lebenslust statt Förderwahn und Leistungsfrust! Es gibt noch viele interessante Ideen in dem Buch, z.B.: Die Tür zum Büro der Leitung, Die Tür zur Kinderkonferenz, Die Tür zur Eltern-Klön-Ecke. Ich bin so begeistert von diesem Konzept, dass ich jedem nur empfehlen kann, das Buch zu lesen und zu spüren, wie viel Leichtigkeit und Spaß die Arbeit in einem Kindergarten beinhalten kann." Britta Fichert, Theraplay – Schwierige Kinder Journal

„Es ist wohltuend, in der aktuellen Menge frühpädagogischer Literatur genau dieses Buch in den Händen zu halten. Es theoretisiert nicht herum, konzentriert sich von Anfang an auf die Praxis, folgt keinen dogmatischen Pädagogiktrends, läuft keiner bildungspolitischen Strömung hinterher und bringt stets das Wesentliche, ohne Umschweife, auf den Punkt." Dr. Armin Krenz, KiTa aktuell

2015, 320 S., zweifarbig, Format 16x23cm, Klappenbroschur
ISBN 978-3-8080-0777-8 | Bestell-Nr. 1264 | 26,95 Euro

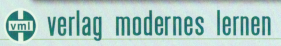

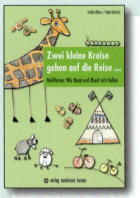

Isolde Albers / Anja Reincke

Zwei kleine Kreise gehen auf die Reise ...

Mal-Reime: Wie Hand und Mund sich helfen – Mit kognitiven Strategien und Kreativität zum Erfolg

Dies ist ein Buch für alle, die Kinder und Enkelkinder zum Malen verführen wollen. Das Besondere der Mal-Reime ist, dass zeitgleich gesprochen und gemalt wird. So entsteht Schritt für Schritt „mit Hand und Mund" ein schönes Bild, das mit Phantasie und Kreativität weiter ausgeschmückt werden kann. Ein wunderbares Buch, das kleine und große Künstler erfolgreich und stolz machen wird. Spaß und Freude am Prozess und am Ergebnis der Mal-Reime sind garantiert!

„Die Zeichnungen und Texte sind ganz einladend, ansprechend und liebevoll gestaltet. Da bekommt man sofort Lust loszuzeichnen!!! So ein Buch hat uns wirklich gefehlt. Endlich einmal sinnvoll und nicht so langweilige Grafomotorikblätter ..." Britta Winter, Ergotherapeutin

„Meine Enkelin (3) und ich haben einen Riesenspaß mit den 'Strich-Malereien'. Mein Sohn (Logopäde) ist ebenfalls begeistert." Leserstimme

„Ich bin begeistert von diesem Buch! Schon lange habe ich mir so etwas gewünscht. Herzlichen Dank den Autorinnen!" Erzieherin

2. Auflage 2017, 116 S., farbige Abb., Format DIN A4, Ringbindung, Alter: 4-99, **ISBN 978-3-8080-0734-1 | Bestell-Nr. 1606 | 18,80 Euro**

Ursula Hahnenberg / Daniela Diephaus

Das große Förder-Spiele-Buch 1

2-4 Jahre

Eltern, Erzieher und Therapeuten haben ein gemeinsames Ziel: sie wollen Kinder optimal auf die vielfältigen Anforderungen, mit denen sie heute täglich konfrontiert werden, vorbereiten. In diesem Buch werden fachkundig und verständlich Spiele, Basteleien und Beschäftigungsmöglichkeiten aufgezeigt, mit denen Wahrnehmung, Grob- und Feinmotorik, Kognition, Kreativität, Sprache und Persönlichkeit gefördert werden. In diesem ersten Teil werden einfache und kostengünstige Ideen für Kinder ab 2 Jahren vorgestellt, die ergotherapeutisch kommentiert und in der Praxis erprobt sind. Übersichtliche Darstellungen helfen dabei, schnell die richtige Beschäftigung für jede Gelegenheit zu finden. Ein unentbehrlicher Ideenratgeber für ErzieherInnen, TherapeutInnen und die ganze Familie!

„Das Buch ist meiner Meinung nach ideal geeignet für Eltern mit Kindern zwischen 2-4 Jahren. Alle Spiel- und Beschäftigungsideen kann man mit sehr geringem Material- und Zeitaufwand umsetzen.

Für alle Eltern, angehende Erzieherinnen und Krippenpersonal kann das Buch durch die Fülle und die Angebotsbreite eine sehr sinnvolle Ideensammlung sein." Daniela Pfaffenberger, Erzieherin

2. Aufl. 2016, 176 S., farbige Abb., 16x23cm, Klappenbroschur, Alter: 2-4
ISBN 978-3-938187-68-5 | Bestell-Nr. 9417 | 16,95 Euro

verlag modernes lernen

Schleefstraße 14, D-44287 Dortmund
Telefon 02 31 12 80 08, Fax 02 31 12 56 40
Gebührenfreie Bestell-Hotline: Telefon 08 00 77 22 345, Fax 08 00 77 22 344
Leseproben und Bestellen im Internet: www.verlag-modernes-lernen.de

Wahrnehmung fördern – auf vielfältige Weise

Dorothea Beigel /
Dietrich Grönemeyer

„Ich wär' jetzt mal 'ne Fledermaus!"

Spiel- und Bewegungsgeschichten zur sensomotorischen Förderung

Dieses Praxisbuch bietet über 50 kindgerechte Bewegungsgeschichten zur spielerischen Schulung der Sensomotorik. Frühkindliche Bewegungsmuster werden liebevoll aufgegriffen, verfeinert, variiert und ausgebaut.
Ritchie, der Ringelwurm, der die Kinder Bewegungsmuster rund um den Tonischen Labyrinth Reflex spielen lässt, ist ebenso wie die Tausendfüßler Fritzchen und Marleen, die so gerne barfuß gehen (Fußgreifreflex), oder Freddy, die freche Fledermaus (Asymmetrisch Tonischer Nackenreflex) Akteur in den Geschichten.
„Mir gefällt gut, dass jedes Kapitel zunächst mit den dazugehörigen Reflexen beschrieben und in einer Art Anleitung kurz erklärt wird. Die dazugehörige Geschichte selbst ist textlich gut zu verstehen und wird durch Lernbilder auch optisch dargestellt.
So können sich die ErzieherInnen, wie auch die Kinder, gut überprüfen. Die Übungen und die Geschichten bauen gut aufeinander auf." Bianca Beining, socialnet.de
„Sehr empfehlenswert!" Mediziner

2014, 224 S., farbige Abb., Format DIN A4, Ringbindung, Alter: 4–8
ISBN 978-3-8080-0727-3 | Bestell-Nr. 1252 | 21,50 Euro

Dorothea Beigel / Juliane Giesbert /
Christina Reichenbach et al.

Bildung mit „Durchblick"

Ein visuelles Wahrnehmungsprogramm zur Lernunterstützung

„Der Band stellt ein Förderkonzept zur visuellen Wahrnehmung vor, das sich in den alltäglichen Unterrichts- und Förderalltag integrieren lässt. Das Buch bietet Arbeitsmaterial in Form von Abbildungen und Aufgaben verschiedener Schwierigkeitsstufen und Motivreihen. Eine CD enthält Blanko-Aufgaben, um Übungen abzuändern, und ein Programm, um Ideen zu erweitern. Arbeitsmaterial und Aufgabenvariationen füllen etwa 5 Schulwochen, in denen die Kinder gemeinsam intensiv an ihrer Wahrnehmung arbeiten können. Das Programm lässt sich auch in Einzelbehandlungen durchführen, die Erfahrung zeigt jedoch, dass Kinder in einer Gruppe effektiver lernen, da sie voneinander lernen und ihr Selbstbewusstsein stärken.
Ein ideales Buch für pädagogische und therapeutische Fachkräfte, um die visuelle Wahrnehmung im Unterricht – vor allem in Grundschulklassen – zu fördern.
Auch erfahrenen Ergotherapeuten bietet es zusätzliches Therapiematerial." Cassandra Römer, ergopraxis

2011, 176 S., farbige Abb., Beigabe: Vorlagen zusätzlich auf CD-ROM, Format DIN A4, Klappenbroschur, Alter: 6-12
ISBN 978-3-938187-70-8 | Bestell-Nr. 9420 | 19,95 Euro

Bettina Canzler

„Die Schurken mit den Gurken"

Fantasievolle Spielgeschichten für Kinder ab 3 Jahren

Wie können Kinder zu Bewegungs- und Wahrnehmungsübungen animiert werden? Ob Therapeut, Erzieher, Lehrer oder Eltern, alle suchen nach neuen Ideen. Dieses Buch vermittelt jede Menge Spielanregungen und nutzt die Stärke aller Kinder: die Fantasie. Mehr als 30 verschiedene Spielgeschichten sowie grafomotorische Übungsideen lassen die Kinder über sich hinauswachsen. Sie erleben nicht nur die Geschichten, sondern sind aktiv an deren Entwicklung beteiligt: Wie sieht denn die erste Stadt auf dem Mond aus, Herr Architekt? Was haben die Wandzeichnungen der Steinzeitmenschen zu bedeuten? Welche Möglichkeiten gibt es, auf eine Insel zu gelangen? Fast unbemerkt balancieren die Kinder über Brücken, hüpfen von Stein zu Stein oder fahren mit dem Boot, um das Pferd auf der Insel zu füttern. Als Abschluss darf auf dem Pferd geritten werden.

„Schöne Ideen für Lerntherapie, Bewegungsunterricht, Psychomotorik oder Schule, die mit unterschiedlichem Materialaufwand darzustellen sind und auch Schreibanlässe bieten." Marieke Klein, kreisel.de

2016, 128 S., 48 Kopiervorlagen zusätzlich auch als Download, Format DIN A4, Ringbindung, Alter: ab 3
ISBN 978-3-8080-0785-3 | Bestell-Nr. 1269 | 19,95 Euro

Ursula Hahnenberg

Das große Förder-Spiele-Buch: Wahrnehmung

Fühlen, Tasten, Sehen, Hören, Schmecken, Riechen ... vielfältige Sinne stehen dem Menschen zum Erfassen und Beurteilen seiner Umwelt zur Verfügung. Besonders Kinder im Kindergarten- und Grundschulalter nutzen spielerisch alle Sinne, um sich selbst und die Welt zu erfahren. Die Verarbeitung der mit verschiedenen Sinnen gewonnenen Informationen im Gehirn ist die Wahrnehmung. Je schärfer die Sinne und je ausgereifter die Wahrnehmungsfähigkeit, desto erfolgreicher können sich Kinder den Anforderungen im Alltag und auch in der Schule stellen. Egal ob Kinder sinnvoll beschäftigt werden oder ob gezielt auf Auffälligkeiten im Wahrnehmungsbereich eingegangen werden soll, die Spiele, Basteleien und Anregungen in diesem Buch helfen dabei, Kinder optimal in ihrer individuellen Entwicklung zu unterstützen. Wie alle Bände der Reihe zeichnet sich auch das „Große Förder-Spiele-Buch: Wahrnehmung" durch eine übersichtliche Darstellung und praktisch erprobte Vorschläge aus. Die richtige Spielidee zur Beschäftigung zu Hause, in Kindergarten, Schule oder der Therapiestunde ist damit schnell gefunden.
Ein wertvoller Ratgeber für Pädagogen, Therapeuten und Eltern!

2013, 176 S., farbige Abb., Format 16x23cm, Klappenbroschur, Alter: 2-10
ISBN 978-3-942976-04-6 | Bestell-Nr. 9449 | 16,95 Euro

vml verlag modernes lernen

Schleefstraße 14, D-44287 Dortmund
Telefon 02 31 12 80 08, Fax 02 31 12 56 40
Gebührenfreie Bestell-Hotline: Telefon 08 00 77 22 345, Fax 08 00 77 22 344
Leseproben und Bestellen im Internet: www.verlag-modernes-lernen.de

Wahrnehmung fördern – auf vielfältige Weise

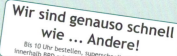

Manuela Rösner / Barbara Küsgen

Fuß-Abenteuer
Psychomotorische Ideen für bewegte Kinderfüße

Für die Altersgruppe von 1-10 Jahre enthält das großformatige Buch eine Fülle von Ideen, die in der Natur und in Bewegungsräumen zur psychomotorischen Förderung der Fußwahrnehmung und der Fußfeinmotorik eingesetzt werden können. Ob großräumige Landschaften, Schmiermaterialien, Gleichgewichtsmomente, kreative oder rhythmische Bewegungen – für jeden Fuß ist das Passende dabei! In der Psychomotorik werden Kindern ganzheitliche Wahrnehmungs- und Bewegungserfahrungen ermöglicht. Auch wenn die Füße in den im Buch beschriebenen Angeboten im besonderen Fokus stehen, verlieren die Autorinnen nicht den Blick auf die gesamten Befindlichkeiten der Kinder. Weg von der funktionellen Fußgymnastik sollen vielseitige Spiele und Bewegungsimpulse die Kinder motivieren, ihre Füße zu bewegen, zu pflegen, herauszufordern oder sie zu entspannen. Zum Einsatz kommen dabei abwechslungsreiche Materialien, wie z.B. Alltagsmaterialien, psychomotorische Kleingeräte, Naturmaterialien, Rasierschaum u.v.a.m. Dieses Buch will dazu ermuntern, abwechslungsreiche Angebote gezielt anzubieten, um Fußfehlentwicklungen schon in der frühen Kindheit vorzubeugen.

Mai 2017, 160 S., farbige Abb., Format DIN A4, Klappenbroschur
ISBN 978-3-8080-0794-5 | Bestell-Nr. 1274 | 21,95 Euro

Leonie Haberthür / Alicia Heuberger / Désirée Mena

Reise durch den Wald
Ein präventives Förderkonzept zur Körperwahrnehmung im Vor- und Grundschulalter

Ein tierisches Körperabenteuer für kleine Entdecker !
Das Praxisbuch richtet sich an Pädagogen, Heilpädagogen, Psychomotorik-Therapeuten und Ergotherapeuten, die sich für den Bereich der Körperwahrnehmung interessieren. Die „Reise durch den Wald" wurde primär als Eins-zu-Eins durchführbares Förderkonzept konzipiert. Es kann aber auch als Fördergrundlage, Ideensammlung oder Unterrichtshilfsmittel eingesetzt werden. Das Förderkonzept wurde mit dem psychomotorischen Verständnis einer breit angelegten Förderung im Bereich der Körperwahrnehmung erstellt. Es beinhaltet Lektionen zu den Basissinnen, zum Körperschema und Körperbild. Das Buch enthält acht Förderlektionen, Aufträge für eine Werkstatt und Förderideen für den Turnunterricht. Zudem beinhaltet es auch ein Ich-Heft, das zusammen mit den Kindern erarbeitet wird und sie zur Eigenreflexion anregen soll. Mit umfangreichem Materialdownload!

2017 (7. April), 152 Seiten, farbige Abb., Beigabe: 30 S. Kopiervorlagen inkl. „Ich-Heft" und 84 S. Fotos „Körperstellungen" zusätzlich als Download, Format DIN A4, Klappenbroschur, Alter: 4–7
ISBN 978-3-8080-0800-3 | Bestell-Nr. 5228 | 23,95 Euro

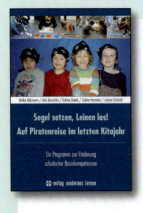

Maike Hülsmann / Julia Bauschke / Sabine Dudek / Sabine Hanstein / Jessica Schmidt

Segel setzen, Leinen los! Auf Piratenreise im letzten Kitajahr
Ein Programm zur Förderung schulischer Basiskompetenzen

„Die Autorinnen legen hier ein in allen Bestandteilen hochwertiges Programm bzw. Angebot vor, in dessen Konzeption langjährige positive Erfahrungen eingeflossen sind. Dies geschieht jedoch nicht mit einem einfachen ‚Aus der Praxis für die Praxis', sondern mit sorgfältigem und einem aktuellen wissenschaftlichen Erkenntnissen folgenden Theoriebezug. ...
Es ist insgesamt ein attraktives und ein in jeder Hinsicht komplettes Werk entstanden, dem ich eine weite Verbreitung in der pädagogischen Praxis wünsche. Ich bin sicher, dass es auch bei den verantwortlichen Erwachsenen große Lust aufkommen lässt, die Vorbereitung auf die Schule in der vorgeschlagenen Weise zu gestalten und mit den Kindern zusammen auf Entdeckungsreise bzw. auf Piratenfahrt zu gehen." Prof. Dr. Wolfgang Beudels, FH Koblenz, FB Sozialwesen, in seinem Geleitwort

Sept. 2017, 296 S., farbige Abb., Format DIN A4, Beigabe: 324 Vorlagen auf CD-ROM, Klappenbroschur, Alter: 5–7
ISBN 978-3-8080-0803-4 | Bestell-Nr. 1279 | 39,95 Euro

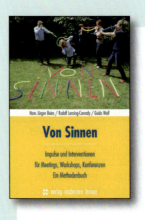

Hans Jürgen Beins / Rudolf Lensing-Conrady / Guido Wolf

Von Sinnen
Impulse und Interventionen für Meetings, Workshops, Konferenzen – Ein Methodenbuch

Die hier zusammengestellte Auswahl bewährter und durchaus ungewöhnlicher Impulse für die Arbeit mit kleinen und großen Gruppen greift auf einen Kanon mit vielfältigen Wurzeln zurück. Als wesentliche Quelle für diese Interventionen und Impulse dienen Spiel- und Übungsformen aus der psychomotorischen Arbeit mit Kindern und auch Erwachsenen.
„Seit etlichen Jahren hat sich ein Event- und Erlebnisangebot auf dem Markt etabliert, das mit Rafting, Besuchen im Kletterpark und anderen, zuweilen sehr aufwendigen Interventionen dieselben Effekte ansteuert. Wir wissen jedoch: Auch bei deutlich geringerem (Zeit-)Aufwand, unter Nutzung gegebener Räumlichkeiten und mit wenig, etwas mehr oder auch keinerlei Materialeinsatz lässt sich über sinnliche Wahrnehmungen (neuer) Sinn produzieren. Hier setzen wir an. Durch die Sinne zu Sinn: Auf diese Formel lässt sich unser Anliegen komprimieren, um das es uns in diesem Buch geht." Aus dem Vorwort

2017, 144 S., farbige Abb., Format 16x23cm, Klappenbroschur, Alter: Jugendliche und Erwachsene
ISBN 978-3-8080-0790-7 | Bestell-Nr. 1272 | 18,80 Euro

verlag modernes lernen

Schleefstraße 14, D-44287 Dortmund
Telefon 02 31 12 80 08, Fax 02 31 12 56 40
Gebührenfreie Bestell-Hotline: Telefon 08 00 77 22 345, Fax 08 00 77 22 344
Leseproben und Bestellen im Internet: www.verlag-modernes-lernen.de